JN217405

不思議と自分のまわりに
いいことが次々に起こる

神社ノート

Hikaru Haga
羽賀ヒカル

JINJA NOTE

はじめに

私は、神道家《しんとうか》であると同時に、占い師でもあります。

毎年、何百名もの人の相談に乗らせていただきますが、最もよくいただくご質問の一つが、これです。


「人の運命は決まっているのですか？」


結論から申しますと、現時点での未来は、決まっています。

実際に、手相や生年月日を見ることで、いろいろなことが、手に取るようにわかります。

いつ結婚するだとか、離婚しそうだとか。

いつ仕事で成功するとか、失敗するとか。
来年、二人は別れるだろうとか、新しい出会いがあるとか。
このご夫婦は、家でケンカばかりだろうなとか。

自分の運命が、これからどうなっていくのか知りたくなる。
それは人として、当然のことだと思います。
だから、みんな未来に興味があります。
けれど、少し想像してみてほしいのです。
もしあなたの未来がすでに決まっていたら。それが変えようのないものだとしたら、
どう感じるでしょうか？

暗い未来が待っていても、そのまま進むしかなくて、
悲しい別れが決まっていても、受け入れるしかないのなら、
その運命どおりに進むことほど、つまらなくて、むなしいことはありません。

運命を予知するよりも、大切なのは、運命を〝創造〟することです。

実は運命は、ある方程式で表すことができます。

「運命」＝「宿命」×「自力《じりき》」×「他力《たりき》」です。

あなたの運命も、この式に沿って決められているのです。

「宿命」とは、オギャーと生まれたときに決まるもの。
生まれてから死ぬまで、避けることも、変えることもできない定めのことです。
生年月日を見る占いでは、その人の宿命を知ることができます。

「自力」とは、読んで字のごとく、自分自身の努力精進。
さらにいえば、それを生み出すあなたの〝想像力〟のことです。
3つの中で、最も簡単に変えられるのが「自力」の部分。ですから、運命を変える第一歩は、あなたが「こんな未来を実現したい」という〝想像〟を広げることです。

最後の「他力」とは、神様のお力添えのことです。

ほとんどの人が、この「他力」の使い方をご存じないばかりに、
「努力が実らない」「願いが届かない」と苦しんでいます。

「運命」＝「宿命」×「自力」×「他力」ですから、いくら努力しても、「他力」の
応援が〝0〟だったら、何をかけても答えは〝0〟になってしまうからです。

恋愛にたとえるなら。
がんばって自分を磨いても、「他力」の応援がなければ、そもそも、
いい出会いがなかったり、
タイミングが悪かったり、
キッカケが生まれなかったりで、

結局のところ、何も運命が変わらないのです。

では、どうすれば、「他力」を味方につけることができるのでしょうか？

私は、師匠から、

“他力を動かし、新しい未来を創造する方法”を教わりました。

その方法が、本書でお伝えする**神社参拝の秘伝**です（ちなみに、私の継承した北極流《ほっきょくりゅう》占いも、新しい未来を創造するための占いです）。

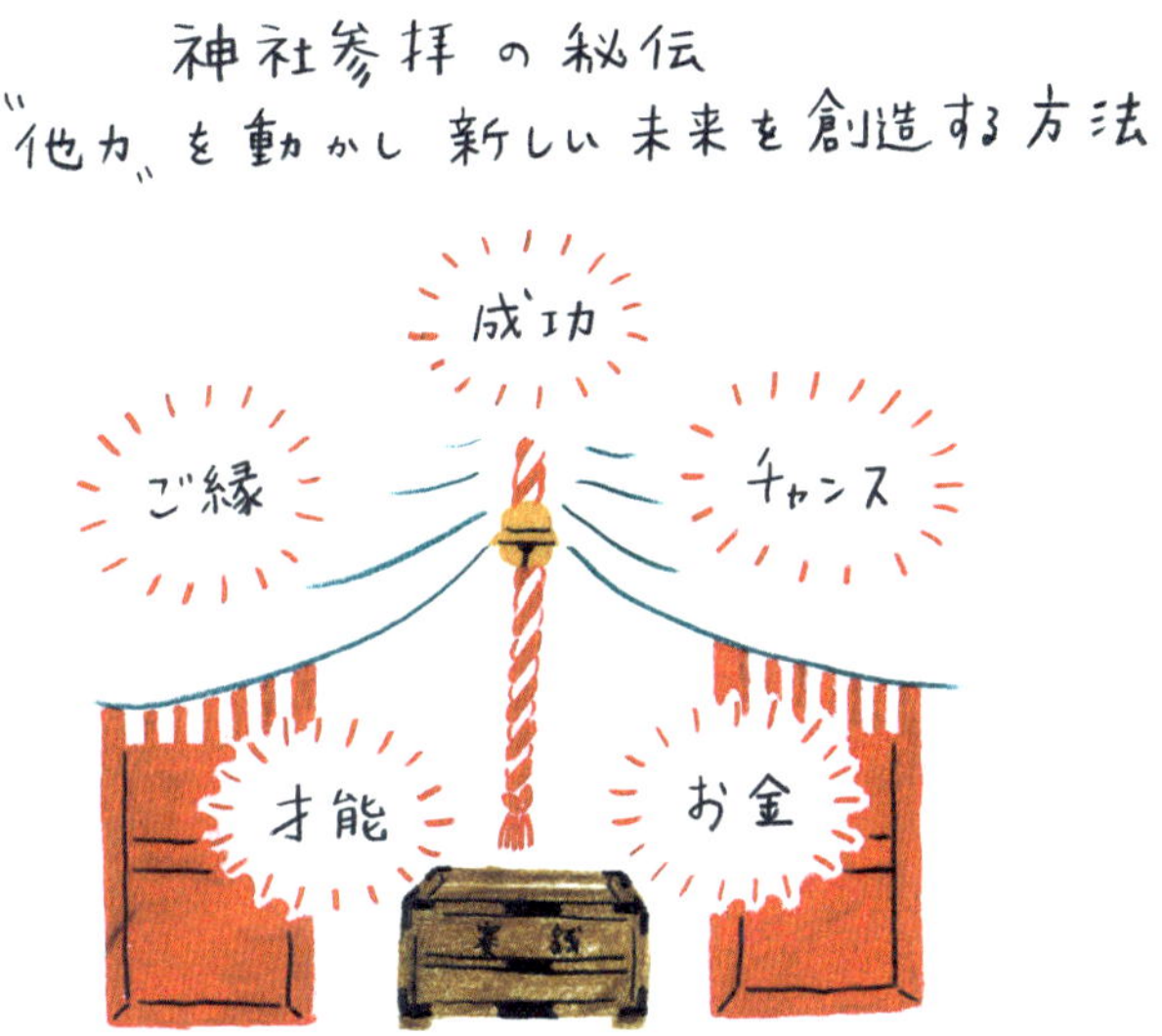

神社の神様にお願いすることで、
もともと決まっていた運命を創り変えることができます。

自分一人の力では、どうにもならないことを、
神様と二人三脚で、成し遂げることもできるのです。

かつて日本の歴史上に名を残した偉人たちも、神々をあつく信仰し、功徳《くどく》を授かり、
試練、絶望、艱難辛苦《かんなんしんく》を乗り越え、数々の偉業を成し遂げてきました。

もし、神様の功徳を授かることができれば……、
あなたが今、目の前で悩み苦しんでいるあらゆることが、あっという間に解決する
ことは、いうにおよばず。あなたの想像をも超えた未来が訪れるでしょう。

これまでの人生、「自力」でがんばってきた人ほど、
そこに「他力」が掛け合わさったときに、劇的に人生が変わるのです。

ただし、神様に動いていただくには、条件があります。
かつて、神様の助けを得た偉人らの共通点は、一体なんだったのか？

一言でいえば、〝**頼み上手**〟だったのです。

人間同士でも、誰かにお願いごとをしようと思ったら、相手の性格に合わせて、気に入られるようにお願いしなければ、動いてもらえません。

それは、相手が神様でも、同じなのです。

本編で詳しく述べますが、人の心は、神様の御心《みこころ》をコピーして創られました。
また、菅原道真《すがわらのみちざね》、楠木正成《くすのきまさしげ》、徳川家康《とくがわいえやす》のように、人が神社に祀《まつ》られ、神になることもあります。神と人は、同じベクトル上にあるのです。
ですから、神様を味方につけるには、まず人の心を理解せねばなりません。

頼み下手な人は、何かと損をしてしまいます。

例えば日常の中でも、
手がいっぱいだから、助けてほしい（……のに、頼めない）。
大きなことをしたいから、協力してほしい（……のに、言えない）。
さみしいから、声をかけてほしい（……のに、素直になれない）。
好きだから、一緒にいてほしい（……のに、伝えられない）。
がんばり時だから、放っといてほしい（……のに、我慢してしまう）。

そうやって、頼みたいことが頼めず、自分の本当の気持ちを押し込めたまま、諦《あきら》めてしまったことはないでしょうか。

その場その場で、上手に頼みごとができるだけで、人生は楽になるし、得をするし、夢見たことが実現し、自分一人ではできなかったことが、できるようになります。

ましてや、神様が頼みを聞いてくれたら、人間には決して与えられないような、ご縁、才能、財産、アイデア、チャンス、エネルギーをいただくことができるのです。

では、頼み方が下手な人って、どういう人でしょう?


遠慮して、強がって、カッコつけて、他人に頼めないし、頼れない。

言い方があいまいで、何を頼みたいのか、わからない。

自分を過信して、なんでも自分一人でやってしまう。

頼んでいるクセに、偉そうで、感謝がない。

自分勝手なお願いごとばかり。

礼儀がなっていない。

と、いろいろ挙げることができますが、まわりの人に対しても、神様に対しても、こういう姿勢でいると、相手がいくら協力する気マンマンだったとしても、その気が失《う》せてしまうのです。

すると、まわりの人からも応援されにくくなり、神様からは相手にされず、パッとしない日々、うだつの上がらない日々になってしまいがちです。

このように、頼みを聞いてもらえない要因はいろいろありますが、最大の要因は、〝相手の気持ちを考えていない〟という一言に尽きます。

頼まれる相手の気持ちを考える。

これは頼みごとの基本であり、極意《ごくい》です。

頼み上手な人は、自分も得をするし、相手にも喜んでもらえる頼み方ができる人です。

ですから、神様のお力をお借りするには、

神様の〝お気持ち〟を察することが大切なのです。

「でも、どうやって?」とお思いかもしれませんが、ご心配はいりません。本書を読み終わる頃には、その意味をご理解いただけるはずですから。

神様にも喜んでもらえる頼み方をして、
神様と、Win《ウィン》-Win《ウィン》の関係、Give《ギブ》&《アンド》Give《ギブ》の関係を作るのです。

そのためにはまず、それぞれの神様の性格や、得意分野を知らねばなりません。
神様はある程度、どんな願いも聞き入れてくださいますが、完全無欠ではありません。その得意分野に応じた願いごとをしたときにこそ、抜群の神力を奮ってくださるものなのです。

日本人は、初詣だったり、季節のお祭りだったり、
ほぼすべての国民が、神社参拝をしています。

ところがおかしなことに、正しいお願いの仕方をほとんどの人がご存じないのです。

そればかりか、

そもそも、神とは何か？
神社とは、どういう場所なのか？
なぜ、神社で願いがかなうのか？

といったことも、教科書どおりの回答はできても、本当に身をもって理解し、説明できる人は数少ないでしょう。

それらの疑問に答え、あなたに〝頼み上手〟になっていただくことが本書の目的です。

なお、本書でお伝えする秘伝の数々は、私が師匠・北極老人《ほっきょくろうじん》より教わったことと、私自身の現実的、霊的体験にもとづき、神々の世界の〝最先端情報〟を記したものです。

ですから、神社から公表されている社史《しゃし》や、古文献にもとづく学術研究とは、見解が一致しないところもあるでしょう。
それは、人の世が日進月歩であるように、神々の世界もまた、日々刻々と、猛スピードで変化しているからだと、ご理解ください。

教科書に載っている歴史と、真実の歴史に違いがあるのと同様に、記録や文献で語られる神々と、真実のお姿には、違いがあるものなのです。

私がお伝えしたいことは、今現在の、神々の世界の実情です。
そして、「どんな心構えで日々を過ごし、どのように祈れば願いをかなえることができるのか」という、まさに実践にもとづく、日常に根をおろした神社参拝法であり開運法を、ここに記しました。

本書にしか書かれていない秘密もございます。

私は神道家として、毎週、セミナーでは神社の秘密をお伝えして、毎月のように、何百人もの方々と日本各地の神社に団体参拝をしています。

そこでは、みなさん例外なく神秘的な体験をされます。

参加者の中には、神様を信じていなかった人もたくさんいるのです。

それにもかかわらず、「たった一度の参拝で、人生観が変わった」というお声は、枚挙《まいきょ》にいとまがありません。

参拝を終えてから、日常にすごい変化が起こる人もたくさんいらっしゃいます。

・うつ状態から脱却し、社会復帰できただけでなくエリアマネージャーに昇格した
・再発した乳ガンで死を覚悟していたのに、わずか一週間で腫瘍《しゅよう》が消えた
・参拝した次の日に、ずっと夢見ていた仕事の依頼があった
・崖っぷちの経営難から、奇跡的なV字回復をした
・心から信頼できる、理想の男性に出会った（のちに結婚）
・失業し、途方に暮れていたところから生きがいを見つけた

・家族バラバラで会話もなかったのに、二週間後、温かい家庭をとりもどした

本当の神社参拝をすると、このような奇跡が当たり前のように起こるのです。

ただし、〝観光気分〟の参拝では、神様に動いていただくことはできません。

そのような奇跡が起こるのは、「神社のおごそかな雰囲気が好きだから」とか、「自然のパワーをいただくために」とか、「癒されたいから」といった物見遊山《ものみゆさん》の気持ちではなく、本気で神様にお会いになる場合に限ります。

私はいつも団体参拝の前、みなさんに次のようにお伝えしています。

「神様との交流は、神社に行くと決めたその日から、すでに始まっています」と。

神様という存在は、神社だけにいらっしゃるのではありません。

神界（五次元）への入口は、いたるところにあるのです。

ですから、神社参拝しているときだけお祈りしても、
普段の心の在《あ》り方が、自己中心的で、祈りからかけ離れていたら、
本当の神様には、お会いすることができません。

当たり前の日常の中で、神様に願いを発し、祈り、語りかけ、
変わりゆく日々の中で、その時々の神様のお心を察してこそ、
「あぁ……、本当に守られているんだ」
「導いてくださり、ありがとうございます」
と、まるで神様がそばにいるかのように、その存在を肌で感じられるものです。

ぜひ、本書をお読みになり、今日から、一つでも行動に移してみてください。
そして、神社のことを知り、神様に愛される〝頼み方〟を知った上で、
神社にお参りしていただきたいのです。

そうすれば、必ず神様からの特別待遇を賜《たまわ》り、あなたの運が開けます。

同時に、神社の概念が変わるほどの体験ができるでしょう。

たった一度の参拝で、あなたの人生は変わります。

幸せへの入口は、いつも目の前にあるのです。

羽賀ヒカル

不思議と自分のまわりにいいことが次々に起こる神社ノート　《目次》

第三章　書いて願いをかなえる神社ノートとは

第四章

第一章

神社参拝で
願いをかなえる秘訣

人生は何で決まるか？

「将来は、何をしたいの？」
「あなたの目標は何？」

幼い頃からずっと、私は〝何を〟に迫られて生きてきました。
ずっとその答えがわからなくて、苦しかったのです。

いえ、私に限らず、たいていの人は、まわりの大人たちから〝何を〟の答えを求められてきたのではないでしょうか？　まるでそれが当然であるかのように。
だから、大人になっても、〝何を〟に人生の答えを見出そうとする。そんな人が少なくありません。その答えがなければ幸せになれないとすら、思い込んでしまっているのです。

ところが、そうやって自分探しをした結果、路頭《ろとう》に迷う人がなんと多いことか……。

結論からお伝えしましょう。

幸せになるカギは〝何を〟にはありません。
〝誰と〟にあります。

これは、恋愛、結婚、仕事、家庭、友人関係、あらゆることにいえます。

「結婚したら幸せになれる」という考え方も、よくある幻想の一つです。
結婚そのものが、あなたを幸せにしてくれるのではありません。
幸せ、不幸《ふしあわ》せを決めるのは、〝誰と生きるか〟です。

「この仕事に就いたら幸せになれる」という憧れもまた、幻想です。
大切なのは〝誰と一緒に〟働くか。〝誰のために〟尽くすかです。
仮に、やりたい仕事や向いている仕事をやっていたとしても、一緒に働いている人がイヤな人ならば悩みが尽きないでしょう。実際に、私もたくさんの方から仕事のお悩み相談を伺いますが、一見、仕事内容の相談のようでも、実は悩みのタネは人間関係にあったということはよくあります。

〝何が〟できるか、ではなく、〝誰と〟出会えるか。
〝何を〟したいか、ではなく、〝誰と〟生きるか。

それが、あなたの人生を決める最大の要因になるのです。

人は、生まれるときに神様からお役目を授かって生まれてきます。
そのお役目は、天命《てんめい》とも呼ばれます。

天命と聞くと、大きなことを成し遂げる、自分にしかできない仕事を見つける、そんなイメージを持つ人も多いでしょう。けれど、実はそうではありません。

天命とは、ご縁のある〝誰か〟と、共同作業で成し遂げるものなのです。
その〝誰か〟とは、結婚相手かもしれませんし、仕事仲間、家族、友人、先生、ライバルかもしれません。

人生には、運命の〝誰か〟と一緒でないと、見ることのできない景色があるのです。

その誰かと、損得を超えた仲間になれたとき。
言葉にならない思いを、分かち合えたとき。
どんな危機でも揺るがない、信頼で結ばれたとき。
嘘偽りのない愛で、結ばれたとき。

そのとき、あなたの目の前に広がる、かつて見たことのない世界……。
その景色を見るために、人は生まれてくるのです。

では、どうすれば運命の〝誰か〟に出会うことができるのか？　関係を深めること

ができるのか？　実は、そのご縁を結んでくれるのが、神社の神様なのです。

人生は、出会いで決まるとよくいわれます。

その人にいくら才能があっても、それを引き立ててくれる人がいなければ多くの場合は芽が出ません。人生の成功者と呼ばれるような人たちは、例外なく、どこかで偉い人に才能を見出され、かわいがられ、応援してもらっているものです。

あらゆる出会いは、決して偶然ではありません。その裏側には神様のお働きがあります。しかるべきタイミングで、出会うべくして出会っているのです。

かくいう私の人生も、たった一つの〝ある出会い〟によって劇変しました。

その相手こそ、私の占いの師匠であり、本書でお伝えする神社参拝の秘法を教えてくれたその人、北極老人《ほっきょくろうじん》です。

あれは、私が高校一年生のときのこと。

実は、初めて出会ったその日から、私は神社の神様と繋がる方法を、知らず知らずのうちに教わっていたのです。今から、その秘密をお伝えします。

人生を変えた運命の出会い

今からお話しすることは、まるでおとぎ話のような、実話です。

当時の私は、夢も目標もない、どこにでもいるような高校生でした。


私の家系は代々、医者や政治家ばかり。

父は開業医、祖父は京都市長で、何不自由なく育てられてきました。

ずっと子どもの頃から、

「あなたも、おじいさんのような政治家になれたらいいわね」

「将来は、お父さんのような立派な医者になりなさい」

そう言われ続けてきたのです。

いろいろな人から「かくあるべき」という理想は言われるのですが、どれもピンときません。心の底からアツくなれる夢や目標を見つけられないままでした。

「お金がある」「地位がある」「多くの人から尊敬される」そういった社会的名誉を得ることをすすめられましたが、本当に幸せに繫がるのかわかりません。

それどころか、政治家や医師や教師といった「先生」と呼ばれる立場の人たちを見て、確信に近く感じていることがありました。

それは、「お金や地位があっても、名誉があっても、幸せにはなれない」ということ。

結局、自分が何をしたいのか、将来どうなりたいのか、幸せがどこにあるのか、わかりませんでした。

親からのプレッシャーを日々感じながら、厳しい進学校でスパルタ式の授業についていけず、「人生って、所詮《しょせん》こんなもんか……」と、半《なか》ば諦めに似た気持ちに支配されていました。まだ若かったのに、今考えるとおかしな話です。

でも、そう思ってしまうほど、何をしても面白くない毎日だったのです。

しかし、転機は突然訪れました。

ある日、勉強をしない私を見かねた母が、学習塾のチラシを手渡してきました。

「歩いて五分のところに、塾ができたみたいよ。行ってみない？」

「学校だけでも大変なのに、塾なんか絶対イヤだよ……」なんてボヤきながら、チラシを見ると、隅っこに塾長のプロフィールが書かれていました。

その瞬間、目を奪われたのです。

大学受験の全国模試で、ことごとく全国一ケタ順位（偏差値八十〜一〇〇）を達成。その後、人生に疑問を持ち、答えを求めて全国を放浪……。

「全国一ケタって、すっげぇ！　変わった先生がいるんだなぁ」

チラシの最後には、こう書かれていました。

『来るだけで頭が良くなり、運も良くなる塾を目指す。趣味は、神社巡り』

なんで、塾で運が良くなるんだろう？
ますます興味が湧いて、居ても立ってもいられなくなり、すぐに入塾説明を受けに行ったのです。それから数時間後、私は『運が良くなる塾』の秘密を知ることになります。

塾に到着してドアを開けると、想像もしなかった空間が広がっていました。
いわゆる『学習塾』のイメージとは、まるで違うのです。
玄関はピカピカ。綺麗な花のオブジェが出迎えてくれました。
靴を脱いで上がると、アロマのいい香りが漂い、ピアノのメロディが聞こえます。
トイレには日差しが差し込み、寝ても平気なくらいの清潔感。
驚きのあまりぽかんとしていると、後ろからあたたかく涼やかな声が。
「こんにちは」

そうして出迎えてくれたのが、塾長・北極老人でした。

案内されたリビングには、木目の美しい八角形のテーブルがあり、その後ろには、左右対象に「月」と「太陽」の写真が飾られていました。

まるで異世界に迷い込んだような、きらきらとして、清々《すがすが》しい空間。

神秘的で、それでいてどこか懐かしい。ただただ不思議な感覚でした。

リビングに座ると、自分がいつになく深く息をしていることに気づきました。

塾に来る前は、すごく緊張していたはずなのに……。

なんだろう、この安心感。この静けさ。

そんな私の様子を見て、北極老人は優しくおっしゃいました。

「どうやら、この場所の秘密に興味があるようだね」

その言葉を聞いて目を輝かせた私に、北極老人はこう続けました。

「日本各地には、幾万の寺社仏閣があるだろう。

それらの聖域は、風水的な結界で邪気《じゃき》邪霊《じゃれい》から守られているんだ。

ここは、その古代の技術を応用して、神社のように清々しい空間を再現する仕掛けを施《ほどこ》してある。

だから、自然とカラダが緩んで、呼吸が深くなる。

すると、ただその場にいるだけで、理想の人生に近づくようになっているんだよ」


結界、風水……。聞き慣れない言葉のはずなのに、「あぁ、そういうものなんだ」と、妙に納得している自分がいました。


後に知ることになるのですが、なんと北極老人は、五万人以上の鑑定歴を持ち、九つの流派を極めた伝説の占い師であり、風水師だったのです。

いいえ、それだけではありません。古今東西の学問を修め、精神世界に精通したまるで何百年も生きた仙人のような方だったのです。

「目標」ではなく「目的」に目覚める

私は入塾を即決しました。

それ以来、北極老人の話を聞くことが、この上ない楽しみになったのです。

学校でどんなイヤなことがあっても、「今日はどんな話が聞けるだろう？」と思うだけで、足どりは軽くなっていました。

ある日、私は今まで誰にも聞けなかったことを、尋ねてみました。

そのときに返ってきた答えは、まさに願望実現の秘訣そのものだったのです。

私が知りたかったのは、「目標の持ち方」についてでした。

「先生、いいですか？

僕、夢も目標も、何もないことがずっと悩みなんです。

行きたい大学もないし。親は、医学部に行ってほしいと言うけれど、僕は正直、医者にはなりたくありません。こんな状態で受験なんて、できるんでしょうか？」

「まったく気にしなくていい。（目標がなくて）むしろ都合がいいくらいだよ」

「えっ!?　どういうことですか？」

私は、思いもよらない答えに面食らってしまいました。

かたや北極老人は、淡々と話を続けられました。

「世間では、目標を持つことが大事だ、と教えられる。けれど〝目標〟を持つことよりも遥かに大切なのは、〝目的〟に目覚めることなんだ」

「目標と目的……って、何が違うんですか？

○○大学に合格するとか、野球選手になるとかいうのは目標ですよね？

じゃあ、目的は……〝何のために勉強するのか〟ですか？」

「そうだね。じゃあ、今の君は、何のために勉強してるんだい？」

「そりゃあ……」

私は、いい大学に行くため、と言いかけてやめました。

いい大学に入って、立派な医者や政治家になることが本当の目的ではないということは、自分が一番よく知っていたからです。でも、自分は何を目指せばいいのか、答えは出ず。考えることも放棄していました。

そんな私の気持ちをすべて悟ったかのように、北極老人はおっしゃいました。

「人生の目的とは何か？

多くの大人も、その答えを知らない。だから、わかったふりをして、〝目標を持つことが大事だ〟と子どもに押しつけてしまう。

そうやって教育されると、一流大学に合格する、一流企業に就職する、お金持ちになる、結婚する、有名になる、そういった〝手の届きそうな目標〟を〝人生の目的〟

と勘違いしてしまう。

けれど、本当の目的は別のところにあると、どこかで気づいている。

だから、目標に向かうモチベーションも、パワーも湧いてこないんだ。

君に目標がないのは、もっと本質的な〝目的〟を求めているからじゃないかい？」

「そう！　そうなんです！　親からは将来、医者や政治家になれって言われるけど、なんか違う気がして……。目的って、何なのでしょうか？」

「目的とは、何のために生まれてきたのか。人生の最終ゴール。

あなたが人生で〝見たい景色〟といってもいい。

目標は、その目的を果たすための通過点であり、目印に過ぎない。

目的は一つだけれど、そこへ向かうルートは無数にある。

要は、目的がブレなければいい。

高いゴールに向かう明確な意志があれば、それを目指す過程《プロセス》で、具体的な目標は勝手にかなっていくものだよ。かつ、それが遠くにあり、現実とのギャップが大きいほど、願望実現力は増すんだ」

「どうすれば目的は、見つかりますか？」

私は、前のめりになって尋ねました。

「目的は、過去から見つけるものではなく、未来から創造するものだよ。

経験でも知識でもなく、必要なのは、想像力。

例えば、イメージしてごらん。

大好きな女の子に、挨拶される喜びを〝一〟としよう。

その子と、デートできた喜びを〝十〟とする……」

私は、自分がちょっとにやけ顔になって前歯が出ていることにも気づかず、言われるがまま、リアルに想像してみました。

「うん、上出来だ。イメージできたね。

でも、それはゴールじゃないから、そこで満足してちゃあいけない。

それを遥かに超える喜びを想像してみてごらん。さっきの喜びが〝十〟としたら、〝一万〟〝一億〟〝一兆〟くらいの、ケタ違いの喜びを。

例えば、世界が平和になる。この世から、差別がなくなる。

君のまわりにいるすべての人が、幸せになる。迷いが消える。

こんな理想が訪れたら、もう死んでもいい。

本気でそう思えるような景色を想像する。

言葉だけでなく、ありありと情景が浮かび上がるくらい、リアリティを持って。

イメージできたら、その景色を、『なったらいいな』ではなく、あなたが生きているうちに『絶対に実現する』と確信する。

その理想が、未来にすでに用意されている、という未来視点で生きるんだ。

そうすれば、同じ世界を生きていても、見える景色が変わる。

目の前の悩みも、ちっぽけに見えるようになる。

他人との比較も、どうでもいいと思えるようになる。

すべての失敗も、一つのプロセスだと感じられるようになる。

その結果、最短ルートで、最も幸せな未来に繋がることができるんだよ」


この話を聞いているうちに、私はすっかり気持ち良くなっていました。

お酒を飲んでいないのに、酔っ払ったような感覚。

その感覚の中にいると、どんな自分にもなれる気がしました。

そして驚くべきことに、この日から、私の中にあった人生の悩みの九割が、消えてなくなっていったのです。

神社参拝とは感覚をウツすこと

よく鑑定に来られるお客様に「羽賀さんは師匠に恵まれていいですね」と言っていただくことがあります。そして「私にも、そういう人がいたらなぁ」と仰るのです。

確かに、理想の人に出会い、信用され、かわいがられる人は幸運です。

しかし、世の中には、望んでも、そういう人となかなかめぐり合えない人がいるのが事実でしょう。

では、「私にはいい出会いがない……」という人は、どうすればいいのか？

北極老人に尋ねたことがありました。

すると、こんな言葉が返ってきたのです。

「運命的な出会いがあったり、憧れの人に気に入られたりするのは、その背後に、神様のお働きがあるからなんだ。

神様は目に見えない存在だから、直《じか》に人を助けることはできない。
だから、人と人とのご縁を通じて、功徳《くどく》を授けてくださる。

ご縁は、いつもタイミングとセットで訪れる。
人の頭で考えて、作為的につくり出すものではない。
必要な場に、必要なときに、自然と現れる人こそ、
神様の紡《つむ》いだ、本当のご縁なのだ。

〝タイミングがいい〟とは即《すなわ》ち、
〝神様に応援されている〟ということ。

もし、なかなかご縁に恵まれないなら、
自分が求める功徳を持つ神様がいらっしゃる神社に、お参りすればいい。

ご縁のある人はどこにいるのか、自分では見つけられなくても、神様は知っているのだから」

「でも、同じように神社参拝しても、ご縁に恵まれる人と、そうでない人がいる気がします。その違いって、何なのでしょうか？」

「〝目的意識〟の違いだろう。

人と人でも、同じ〝目的〟をもつ同志になれば、互いに手を取り合うだろう？
それは、人と神様でも同じなんだよ。

ところが、参拝する人がみな、神様のお気持ちはそっちのけで、
自分の幸せにしか興味がなかったら、どうだろう？
全人類の幸せを願う神々とは、目指すところが違いすぎて、応援しようにも、できなくなってしまうのだよ。

逆に、ふだんから神様の御心《みこころ》を感じようとする人。

神様に〝仕《つか》え奉《たてまつ》る〟気持ちで生きている人。

自分のことよりも、みんなの幸せを、朝な夕な、祈っている人。

そういう人は、神社にお参りせずとも、神様に応援されて、幸せなご縁に繋がることができる」


「そうなんですか⁉　じゃあ、何のために神社参拝するんですか？」

「神様の感覚を〝ウツス〟ためさ。
例えば、君もこんな経験はないかい？
すごい人の話を聞いて、自分の悩みがちっぽけに感じたとか。
大自然の清々《すがすが》しい空気に触れて、他人と比べることがバカらしく思えたとか。
本を読んだり映画を見たりして、心が洗われるような気持ちになったとか。
それは、高い感覚がウツった証拠。神社とは、その場に降りている清々しい空気、
誇らしい空気、歓喜の空気を感じて、高い感覚を自分の魂にインストールするための

場所なのだよ。実は、ある方法で参拝すれば、何も知らずに参拝するのとは比較にならない速さで、劇的に感覚を高めることができる。

それを〝ウツシの法〟という。

そして、神様の感覚に近づくほど、願いは通じやすくなり、より深い幸せに導かれていくものだよ」

「先生、ぜひ私にも伝授してくださいませんか。その〝ウツシの法〟を！」

こうして、私が北極老人より何百時間にもおよぶ口伝《くでん》により受継いだのが、本書でお伝えする**神社参拝の秘伝〝ウツシの法〟**です。

この方法を知って参拝するのと、知らずに参拝するのとでは、その後の人生が大きく変わってきます。

同じ神社にお参りしても、ケタ違いの功徳を賜《たまわ》ることができるようになるのです。

あなたに必要な〝ご縁〟が、絶妙のタイミングで、向こうからやってくる。
そんな奇跡が、当たり前のように起こるようになるということ。

さらに、神社参拝を通じて神様に愛される姿勢を身につけていくうちに、人からも愛されて、引き立てられる才能も、おのずから育《はぐく》まれていきます。

神様に愛される秘訣と、人に愛される秘訣は、相通じるものがあるからです。

神社参拝をすると、運命の出会いが訪れる。神様に愛されると、人にも愛されるようになる。これこそ、神社参拝で人生が変わる所以《ゆえん》なのです。

神様のメッセージを受けとる二つのポイント

神様の功徳《くどく》を受けとるためには、いくつかポイントがあります。

私がそのことを教わった、あるエピソードをご紹介します。


北極老人は、九つの流派の占いを極めておられますが、その占いを教わった先生との出会いも、神様の恩恵としか思えないような、奇跡的な出会いだったのだそうです。


北極老人が、まだ青年だった頃。

世に出回る占いの本はかたっぱしから読み尽くし、一冊何十万円もするような奥義書を読破し、数々の大家《たいか》の門を叩いても、なかなかその真髄《しんずい》には出会えず格闘の日々を送られていたそうです。

そんな折に、ある占いの書物を読み、北極青年に衝撃が走りました。

「この本には、あえて真髄が書かれていない……。

きっとこの著者は、もっと先の真髄を知っているはずだ！」
そう直感した北極青年は、ぜひこの先生に占いを直接教わりたいと願います。
ところが、その先生は一切、弟子をとらない主義でした。
連絡先も、どこで会えるのかも、わからない。何か手はないものか……。

そして北極青年は、当時、一番よく通っていた神社で祈願したのです。
毎日、雨の日も風の日も神社に通いつめました。

そんな日々がしばらく続いた、ある日のこと。

北極青年は、ふと用を思い出し友人に電話をかけました。
今のようにスマホもメールもありませんから、ダイヤル式の黒電話です。

トゥルルルルルル……、トゥルルルルルル……。
ガチャッ。

「はい、もしもし？　◯◯ですけど」

電話口からは、聞き覚えのないおじさんの声が聞こえてきました。

友人の父親の声でもない。あれ、かけ間違えたかも……？

と、思った瞬間、「もしや！」と、ある思いが頭の中を駆けめぐります。

そのおじさんが名乗った名前は、北極青年がずっと弟子入りしたいと祈願していた先生と、まったく同じ名前だったからです。

まさか、と思いながらも、恐る恐る尋ねました。

「あの、もしかして、◯◯先生ですか？」

すると、驚きの言葉が返ってきます。

「ああ、いかにも。私が◯◯だが、何か用かね？」

なんと、その電話の向こう側にいるおじさんは、ずっと会いたいと願っていた、占いの先生、まさにその人だったのです。

「うわあっ！」

驚きのあまり、息を呑みました。

そして高鳴る鼓動をおさえ、北極青年は一気に思いの丈《たけ》を打ち明けます。

熱烈な思いを伝えるうち、どんどん話は盛り上がっていきました。

「先生の書かれたあの本には、特に感銘を受けました！」

「そうか、あの本には、あえて真髄を書かなかったところがある。どこかわかるか？」

突然の問答でしたが、本の表紙が破れるほど読み込んでいた北極青年は即答します。

「一六二ページの、十三行目ですか⁉」

「おおっ、素晴らしい！　見事じゃ」

そこからさらに盛り上がり、とうとう「今から会いに来ないか？」と、思いがけない展開に。その日のうちに先生の自宅まで会いに行き、朝まで語り明かすことになったそうです。

そうして、何百冊の本を読破しても、決して辿り着けなかった占いの真髄を、文章ではとうてい表現できないような深遠な世界を、たった一夜にして、会得《えとく》することができたのです。

こんな偶然が、あり得るでしょうか？
いいえ、これは決して偶然ではなく、まさに神様からの賜《たまわ》り物なのです。
神様にかわいがられると、このような運命的な出会いが、あなたにも訪れます。
偶然を呼ぶことは、誰にでも可能なのです。

ただし、やってきたチャンスをキャッチできるかどうかは、あなた次第です。
このエピソードでも、もし、そのまま電話を切っていたら、チャンスがきていたことにすら気づかず、ただの間違い電話で終わっていたでしょう。

ずっと祈り続けていたから、いざというときに「ピン！」とくるのです。

神様からのメッセージは、いつ、どこからやってくるかわかりません。
だからこそ、神社参拝のときだけでなく、日常の中で神様を感じることが大切。

たとえ、あなたのキライな人から、イヤなことを言われたとしても、もしかしたらその言葉の裏には、神様からの大事なメッセージが含まれているかもしれません。

単なる〝人の言葉〟として聞くのではなく、「この人を通して、神様は私に何を伝えようとしているのだろう？」と、神なるメッセージに耳を澄ます。

そういう見方をしていると、誰かの言葉によって、過剰に感情を乱されたりすることもなくなって、心の雑念《ノイズ》が消えていきます。

静寂な心でいるからこそ、神様の繊細な声なき声に気づくことができるのです。

そして、もう一つポイントがあります。

もし北極青年が占いの先生の問答に答えられなかったら、きっと、それ以上の深い関係にはなれなかったでしょう。

「幸運の女神は、準備された心のみに宿る」というパスツールの名言のとおり。

いつ運命の出会いが訪れてもいいように準備をしているからこそ、いざチャンスが訪れたときに、モノにすることができるのです。

すべての人の背後に、神様を感じる。
運命の出会いがいつ訪れてもいいように、できる限りの準備をしておく。

これらは、霊感があるとか、チャネリングができるとか、オーラが見えるとか、そういう選ばれた人だけでなく、誰にでもできることです。

神社参拝をして、飛び込んでくるメッセージにアンテナを立てる。
そうすれば、人生を変える出会いがあなたにも訪れます。

幸せな感覚を高めて神様と結び合う

北極老人には、ちょっと変わった特技がありました。

それは、「一度食べた料理の味を、そのまま再現できる」というもの。

初めてそれを聞いたときは、「そんなまさか……」と半信半疑でした。

けれど、実際に北極老人と有名シェフの店に食べに行くと、だいたいその翌日には、そのシェフの味を再現した料理をふるまってくださるのです。

しかも、ただのシェフではなく、ミシュランガイド星付き料理店のシェフなど、〝超〟がつくほど一流の味をそのままに再現されるのですから、もう不思議でなりませんでした。

世界一と名高い中華の鉄人が作る麻婆豆腐も、三ツ星レストランの巨匠が作る伝説のカルボナーラも、ものの見事に再現した料理をふるまってくださり、実物と食べ比べましたが衝撃的なおいしさで、「これ、実物を超えてるんじゃないか……?」と思うほどでした。

しかし、その変わった特技にも秘密があったのです。

とにかく、料理人と仲良くなるのがむちゃくちゃ上手いのです。店を出る頃には、シェフのほうが北極老人のファンになっていることもあるほど。その結果、北極老人には、一流料理人の知り合いが異常に多くいらっしゃいました。どの店に食べに行っても、「よくぞ来てくださいました!」と、特別待遇。メニューに載っていない、特別な料理が出てくることもしょっちゅうでした。そして、たいていそのシェフから料理のコツや、使っている調味料や、普通なら知り得ないような秘密を持って帰ってこられるのです。

だいたい料理人に限らず、何かの分野を極めた人というのは、一癖も二癖もある性格だったり、とにかく厳しかったり、近づき難《がた》い人が多いものです。ところが、北極老人はたった五分で、初対面のシェフの心をワシづかみにしてしまうのです。

どうして、そんなことが可能なのか？

その答えは、単に社交性があるから、といったことではありませんでした。料理を食べに行く〝姿勢〟がそもそも違っているのです。

そしてそれは、神様に通じる神社参拝の姿勢そのものでした。


まず、店を訪ねる前には、シェフの思いや、店のこだわりをよく調べておく。

身だしなみを整えて、綺麗な着物に身を包んで行く。

シェフに丁寧に挨拶をして、かつ面白おかしく自己紹介をする。

一緒に食べに行ったみんなに、気前よくごちそうする。

おしゃべりに夢中になったりせず、一口一口、味わって食べる。

普通なら気がつかないような料理のこだわりを、さりげなく褒《ほ》める。

シェフも共感するような、深い料理の哲学を語る。

帰ってきたら、そこで堪能した味を再現した料理を作って、みんなに幸せのおすそわけをする。

これを神社参拝に置き換えると……？

①神社を訪ねる前には、神様の性格や働きをよく知り、学んでおく。
②身だしなみを整えて、心身を清めて、お参りする。
③神社ではお祈りする前に、丁寧に自己紹介をする。
④気持ちを込めて、気前よく玉串料《たまぐしりょう》（※1）を包む。
⑤ムダなおしゃべりをせず、神社の空気を、じっくりと味わい尽くす。
⑥神様のことを褒め称える気持ちで、祝詞《のりと》（※2）を奏上《そうじょう》する。
⑦神様にも共感してもらえるようなお願い事をする。
⑧参拝から帰ったら、神社で味わった空気を心の中で思い出して、みんなに幸せのおすそわけをする。

このような姿勢で神社にお参りすると、必ず神様にお近づきになることができます。
すると、普通の参拝では決して得られないような功徳《くどく》を授かることができるのです。

※1　神社にてお祈りをする際に、お納めするお金。初穂料《はつほりょう》ともいう。
※2　神主が神前で申し述べる祈りの言葉。

北極老人いわく、

「シェフとの信頼関係ができると、感覚の架け橋ができる。
すると、シェフの感覚をインストールすることができる。

もちろん、料理の知識を覚えたり、最低限の努力は必要だが、
まともに修行すれば、一人前になるまでに十年以上かかるところを
先に一流の感覚をウツせたら、遙かに早くそこに到達できる。
手っ取り早く、料理が上手くなりたいのなら、まず料理の感覚を高めるべきだ。

人生も同じ。

まともに一歩ずつ進んでいたら、真の幸福にいたるまで、何十年もかかるだろう。
どんなに自力で努力しても、知恵や人望や生き様において、
弘法大師《こうぼうだいし》、楠木正成《くすのきまさしげ》公、キリストにはかなわないだろう。

たしかに自力には限界がある。

手っ取り早く、幸せになりたいのなら、まず幸せの感覚を高めるべきだ。

遠回りをやめて、先に幸せの感覚をウツせば、最短距離で真の幸福に辿り着く。

もし身近に、お手本になるような、憧れの人物がいるなら、その人の感覚をウツせばいい。

けれど、日本人にはさらなる究極の幸せに辿り着く方法が、誰にでも用意されている。

それが、神社参拝だ。


神社参拝とは、神様と信頼関係を結び、神様の感覚をインストールする儀式ともいえる。

感覚が高まると、願望も進化する。

低いときに願っていたことが、高くなると、ちっぽけに思えるようになる。

子どもの頃、ノドから手が出るほどほしかったオモチャが、大人になったら、なんの興味もなくなるのと同じ。

人がなかなか幸せになれないのは、人間的で、世俗的な低い感覚のまま、今、目の前にある願望を追いかけるからだ。

その願望は、心の底から求める本音ではなく、過去から生まれたかりそめの願望だから、たとえかなったとしても、手に入るのは一時的な幸せにすぎない。

手に入れてから、やっぱりこれも違う、あれも違う……と、また次の幸せを探すことになる。

かりそめの願望をかなえるために、時

間も、お金も、運も、ムダ遣いしてちゃ、真の幸福を見つけられやしない。
あっという間に人生が終わって後悔がおしよせてくるだろう。

自分が、何を望み、何のために生まれてきたのか。
それを知る最短ルートが、神様の感覚をインストールすること。
神様と感覚が近づくほど、神様はあなたの応援をしてくれるようになる。
すると、有形無形のあらゆる幸福が、向こうから舞い込んでくるようになる。
あとは、ただ感覚に従っているだけで、誠に良き人生を全《まっと》うすることができるのだ」

神様の時間感覚に合わせて生きる

人類史上、最大の誤った思い込みは、「時間は過去から未来に流れている」という感覚です。

この時間感覚のせいで、人は過去に縛られ、過去に執着してしまい、願いをかなえるための幾多《いくた》のチャンスを失っているのです。

時間は〝過去→未来〟に流れている。これは、人間の時間感覚。
時間は〝未来→過去〟に流れている。実はこれが、神様の時間感覚です。

近い将来、科学でも証明されることでしょうが、時間には過去からの流れ、未来からの流れ、その二つが同時に存在しているのです。

けれど人は、「過去の蓄積＝自分」だと思い込んでしまっているがゆえに、

「今まで不幸だったから、未来も幸せになれない」

「過去に失敗してきたから、きっと次も失敗する」

そんな考えから抜けきれず、台本どおりの、常識的で、平凡な人生を抜け出せません。そして、自分の未来に期待できなくなっていくのです。


神様に応援されるために大切なことは、未来からの時間感覚で生きること。


人が不幸になるのは、自分を責めるか、他人を責めるか、したときです。

自分を責めるのは、「自分は、どうせ変わらない」と、諦めているから。

他人を責めるのは、「自分では、どうにもできない」と、他人に期待しているから。

どちらも、その裏には過去からの時間感覚があるのです。


自分の人生の行《ゆ》く末《すえ》を、他人に期待してしまうとロクなことはありません。

期待が外れるたびに、

「どうしてあの人は、いつもこうなの！」

「なんであの人は、ずっと変わってくれないの！」

と、イライラしてしまうからです。

けれど、未来からの時間感覚の中にいる人は、自分が変わったら、まわりの景色も変わることを知っているので、思いどおりにならない現実にも、一喜一憂しないのです。

そして、失敗しても立ち止まらなくなります。

どんな失敗も、挫折も、最高の未来に通じていると信じているからです。

本来、失敗ベクトルと成功ベクトルは、同じ延長線上にあります。

「失敗＋失敗＋…＋失敗＝成功」という具合に、足し算がそのまま使えるのです。

だから、成功の反対は失敗ではありません。

成功の反対は〝何もしないこと〟なのです。

本書に従って、神様に祈りを向けると同時に、自分の未来に大いに期待してみてください。

そして、一日一日、新しい自分に生まれ変わったつもりでスタートする。できなかったことに、挑戦してみる。失敗しても、学びに変える。

その姿勢が、神様を味方につけるのです。

未来の可能性を信じた行動は、すなわち、あなたの魂の内にお鎮《しず》まりになる、神様を信じる心の表れだからです。

神社は運気の銀行のようなもの

ここで神社参拝で願いをかなえる方法と、一般的な願望成就法の違いについて、お伝えしておきます。

昨今、精神世界や自己啓発のブームもあり、さまざまな願望成就法が知られるようになりました。

そこで語られていることは、「自分の発した思い（エネルギー）はやがて自分に返ってくる」――つまり、**強く願い続けたことは実現に向かう**ということです。

人の想念《そうねん》は、絶えず振動しながら波を発しています。

その波は共振して、同じ周波数を持つものを引き寄せるという法則があります。

つまり、人の想念は、ほしいものを引き寄せる魔法の力を持っているのです。

「これがほしい、あれがほしい」と強く願っているだけでも、エネルギーの波が出て、やがて現象化したり、物質化したりする。
そして、同じ周波数の者同士は惹かれ合い、自分に似たものを引き寄せるということでもあります。

ですから、自分の発する思いの強さと方向性が大事なのです。

例えば、わかりやすい例を挙げますと、いつも愚痴や不平不満を言っている人がいたとしましょう。
すると、ネガティブなエネルギーの波長が広がって、愚痴や不平不満を言いたくなるような、できごとを引き起こしてしまうということです。

逆に、いつも感謝の気持ちでいると、感謝したくなるような嬉しいできごとが舞い込んでくるということになります。

ですから、自分の想念をいい状態に保つことは、いいこと、嬉しいことを引き寄せることに繋がるのです。

しかし、この想念の力に頼りすぎると、思わぬ落とし穴にはまる危険性があります。

その理由を知るには、まず「運の法則」を理解しておかなければなりません。

運というのは、エネルギーの貯金のようなものです。

目に見えない世界に、あなたの運が貯金されているとイメージしてみてください。

その貯金のことを「徳」といいます。

例えば、いいことがあったら、その分だけ運の貯金の「徳」を消費したということになります。

そのいいことが大きければ大きいほど、消費する徳の量も多くなります。

例えば、
「理想の男性と知り合いになる」というのに必要な徳が一〇ポイントだとすると、「理想の男性とお付き合いする」というのが一〇〇ポイント、
「理想の男性と結婚する」というのが一〇〇〇ポイント、
といった具合に、物事が大きくなるほど、必要な徳の量も多くなるということです。

いい就職先が見つかる、臨時収入がある、いい出会いがある、すごい閃《ひらめ》きが降りてくる、才能が目覚める……といったように、あらゆる嬉しいことというのは、

それぞれ徳を消費して、現実化されているのです。

では、先ほどの引き寄せの原理でいいますと、例えば、「こんな車がほしい、ほしい、ほしい……」と願い続けて、手に入ったというのは、結局のところ、それまで貯蓄していた運のエネルギーを車という現象に換算しただけということになります。

だったら、引き寄せの法則を知っていても意味がないのでは？　と思われるかもしれませんが、そうではありません。

実は、**多くの人は、徳のエネルギーがせっかく貯まっても、自分がほしいもののために使うことができず、どうでもいいことに使ってしまっているのです。**

お金にたとえるとわかりやすいでしょう。

いくらお金があっても使い方がわからない人がいるのと同じです。

何を買っていいのかわからずに、ひたすら将来のために貯金しているとか、ムダに服や装飾品を買いあさって、ぜんぜん心は満たされないとか、おいしいものを食べすぎて、身体を壊してしまうとか。

運の世界でも同じような状態になっているため、せっかく運の貯金があるのに、ほしいものが手に入らなかったり、夢に近づけなかったりする人が多いのです。

だから、引き寄せの法則でよく言われているように、望んでいることを明確にイメージすることや、具体的に書き出すことによって運のエネルギーの方向づけをすることで、効率良く願望成就に繋げることができるのです。

しかし、気をつけなければならないのは、自分の願いを「実現する、具現化する」ことばかりにフォーカスすると、運を消費する一方になりますから、いずれ運が底をついてしまうということです。

つまり、運を使って、ほしいものを手に入れることばかりに注目してしまいがちですが、そもそも運を〝貯めること〟のほうが、実は大切なのです。

徳は、世のため、人のためになる〝善い行い〟をすれば貯まります。

誰しも、目に見えない銀行口座で、この「貯金（徳）」をやりくりしながら生きているのです。表面的には上手くいっているように見える人でも、長年貯めてきた徳を切り崩しているだけで、実は目に見えない世界は借金まみれ、という場合もあります。そういう人は、一時的には成功しても、徳が尽きた瞬間から、取り返しのつかないような不運の大波に襲われます。

また逆に、運が悪くて、損ばかりしている人でも、諦めず、腐ることなく善行の道を貫けば、必ずいつか日の目を見るときがきます。ちゃんと、損した分だけ、目に見えない世界に徳として貯金されているからです。

この運の流れを理解していれば、どんなできごとがあっても、いちいち一喜一憂して振り回されることがなくなります。上手くいったからといって調子に乗ったり、慢心したりしなくなります。思いどおりにいかないからといって、いちいち落ち込むこともなくなります。

目の前の現実に左右されず、ただ淡々と前を向いて、善行に励《はげ》んで、徳を積むことができるようになれば、確実に人生は上向きになり、自分も成長することができるでしょう。

しかし、自分なりにがんばって善行に励んでも、貯金できる徳には限りがあります。それでは、決められた運命を超えることは難しいのです。

そこで助けてくれるのが、神社の神様です。

もともとの運命を超えるような幸せにいたるには、神社の神様から徳を分けていただく必要があります。

神様からいただく徳のことを〝天徳《てんとく》〟といいます。

これは、個人が善行で積み重ねる徳とはケタ違いの量なのです。

いわば、事業を興《おこ》すために、銀行から融資してもらうようなもの。

コツコツ働いても決して貯まらない大きな額を動かすことができます。

しかし、銀行に融資してもらうには、それまでの人生で積み上げてきた社会的信用が必要です。さらに、その事業がいかに素晴らしいもので、将来性があるのか、企画書を書いてプレゼンできなければ始まりません。

それは、神様に対しても同じなのです。

神社で莫大な運のエネルギー「天徳」をいただくには、神様に信用されることです。

そのためには、コツコツと善行を積み重ねることが大切なのです。

マジメにやったのに報《むく》われなかった努力も、手助けしたのに誰にも気づかれなかったことも、あなたが損してしまったことも、神様はちゃんと見てくれているものです。

「この人に天徳を渡せば、きっと世のため人のために使ってくれる」

神様から、そう信じていただけるような姿勢で、日々を過ごす。

すると、自力ではどれだけ努力しても貯めることができないような、莫大な運の貯金を預かることができるのです。

そしていただいた天徳を、また世のため人のために還元していく。

自分が天徳のパイプ役になったようなイメージで、循環させていく。

それが、神様のお力を借りて願望をかなえ、幸せにいたる道なのです。

人生が変わらない最大の理由

私が人を占えるようになったのも、実は〝ウツシの法〟の賜物《たまもの》です。

私は、大学時代から、占い師として活動していました。

当然ながら、はじめは、相手の生年月日を見ただけでは、的確にアドバイスすることなんてできませんでした。暦の見方は勉強して知っているので、その人の性格も、いつ転機が訪れるのかも、まわりの人との相性も、わかります。

けれど、実際に相談者の深い悩みに直面したときに、どうアドバイスすべきなのか、どんな方向に導くべきなのか、さっぱりわかりませんでした。

なんせ、社会経験もない若僧なのに、自分の親より歳上の経営者の悩みにお答えしたり、恋愛経験すらロクにないのに、離婚や子育ての相談を受けたりするのですから、普通に経験からモノを言っても、通用しないのは目に見えています。

なのにどうして、二十代の頃から占えるようになったのか？

それは、師匠・北極老人の感覚をウツしたからです。


憧れの人物の感覚をウツすのも、神様の感覚をウツすのも、基本は同じです。


私は占い鑑定の予約が入るたびに、暦を書いては北極老人のところに走りました。

そのたびに、何時間もアドバイスをいただいていたのです。

始めは、「なんで、たった一枚の暦から、そんな話が出てくるの⁉」と、正直、訳《わけ》がわかりませんでしたが、とにかく深遠な話に毎回感動しながら聞いていました。

そして、ボイスレコーダーに録音したその音声を書き起こして、何度も、何度も聞いて、そっくりそのまま話せるようにしてから鑑定に臨んでいたのです。

そして、北極老人に成り代わったつもりで話しました。

数年間、これを欠かしたことは、一度もありませんでした。

私は、自分なりの鑑定ではなくて、究極に辿り着きたかったからです。


するとどうでしょう、一年、二年と続けているうちに、「北極老人なら、こう仰るだろうな」と、暦を見ただけで、不思議と閃《ひらめ》くようになっていったのです。

もちろん最初は、感覚のズレがありましたが、毎回、対話を重ねていくうちにそのズレを微修正していき、打率を上げていきました。


理詰めで勉強していたら、どんな占いの奥義書を読んでも、今のように鑑定ができるようになるには、三十年以上かかっていたと、自分自身でも断言できます（それどころか、一生ムリだったかもしれません）。

師匠の感覚をウツしたから、最短ルートを歩めたのです。

ただし、感覚をウツすにも、土台となる基礎知識がなければ受けとることができませんから、北極老人がおすすめする入門書を七回以上反復して読み、徹底的に頭に叩き込みました。

画家もデザイナーも、作曲家もマンガ家も、新人はたいてい基礎の反復と、一流作品の模倣《もほう》から訓練します。

本当の創造性、自分らしさ、オリジナリティーが開花するのは、それが完全にできるようになってからです。

自分で考えずにマネするだけで上達するの？　と思われがちですが、自分なりの感覚をいったん捨てたからこそ、入ってくるものがあるのです。

むしろ、高い感覚をウツすときに邪魔になるのが、

「自分なりの……」という感覚を、あくまで大事にする考え方です。

自分なりの、こだわり、

自分なりの、やり方、

自分なりの、がんばり、
すなわち、過去への執着。
これが、感覚のインストールを阻みます。

この執着という曲者《くせもの》は、経験を積めば積むほど、形成されていくものですから、中途半端に経験があるより、むしろ素人のほうが、感覚をウツすのが速かったりします。
経験すべてを否定するわけではありませんが、
経験が仇《あだ》になることもある、ということです。

〝ウツシの法〟とは、古い自分の感覚をリセットして、高い感覚をインストールすること。
そして、神様の感覚をマネること。

それにより、神様にお近づきになることで、神社参拝が変わります。
あなたが魂から求める、大事なご縁に結ばれるようになるのです。

なぜ、ミソギハラエが必要なのか？

神様にお近づきになるために欠かせないのが、〝ミソギハラエ〟です。
〝ミソギ〟とは、〝身〟を清めること。
〝ハラエ〟とは、〝心〟を清めることです。
ミソギの言霊《ことだま》は、〝身削ぎ〟を表しています。
身体に染みついている古い価値観を削ぎ落とす、という意味です。
ミソギハラエにより、健気で、素直で、真っ白な感覚に近づけるのです。
そんな生まれたての赤子のような感覚を、〝産心《うぶごころ》〟と呼びます。
神様に愛され、幸せな感覚を授かる条件とは、どれだけ経験を重ねても、偉くなっても、有名になっても、お金持ちになっても、初心を忘れないこと。
産心であり続けることが大切です。

しかし、人は生きていると、さまざまな不純物が、純粋無垢な御魂《みたま》のまわりを、覆い隠してしまうのです。

不純物とは、さまざまな〝思い込み〟のこと。

私たちは、歳をとるにつれ、さまざまな思い込みや固定観念を身につけています。

その思い込みのせいで、行動にブレーキがかかってしまったり、ネガティブな考え方から抜け出せなかったりするのです。

例えば……、

・親の言うことを聞かないのは悪いこと（道徳観）
・お金を稼がなければ、幸せになれない（お金への幻想）
・○歳までには結婚しなければ、幸せになれない（結婚への幻想）
・今の安定した生活が崩れることが怖い（安定志向）

・成果を出せないヤツは、ダメな人間だ（結果主義）
・学歴は高いほうが、幸せになれる（学歴信仰）
といったものも、代表的な思い込みです。

とりわけ厄介なのが、幼少期に親との関係の中で作られた思い込みです。

これを心理学の世界では、リミッティング・ビリーフ（自分に制限をかける思い込み）といいます。

誰でも、生まれたての頃は、素直で純粋に行動しています。

けれど、成長するにつれて、より多くの愛情をもらうために、たとえ本心でなくても、お父さん、お母さんの期待にこたえるような言動をするようになるのです。

そして、親だけではなく、学校の先生からも、先輩からも、友人からも、世間からも、認められるような〝偽りの自分〟を作り出していきます。

すると、知らず知らずのうちに、″あるがままの自分″で生きてはいけない、という思い込みが形成されていきます。

大人になった頃にはすっかりそれと同化してしまい、″偽りの自分″こそが本当の自分なのだと信じて疑わなくなってしまうのです。

しかし、心の奥では、

・周りの人の顔色を気にする自分
・他人のために自己犠牲的になる自分
・言いたいことが言えない自分

に対して、違和感が残る。

それが、**不幸《ふしあわ》せの原因**となっていくのです。

その状態で神様に願いを立てたとしても、

「私は、◯◯がないと幸せになれない……」

「私は、◯◯であらねばならない……」

といった思い込みにもとづいた願いを発するから、なかなか真の幸福に辿り着くことができません。

逆に、思い込みが強化される恐れすらあるのです。


思い込みというものは、長い年月をかけて蓄積したものです。

そのため、自覚できない意識の深いところに潜伏しています。


心理学の世界では、人の意識は三つの層に分けることができるといわれています。

- **顕《けん》在《ざい》意《い》識《しき》（思考・感情）**
- **潜《せん》在《ざい》意《い》識《しき》（感覚・性格）**
- **無意識（すべてに繋がる意識）**

分析心理学を創始した、スイスの精神科医ユングは、この三層の意識を、海に浮かぶ氷山にたとえました。

自分で認識できている意識、つまり頭で考えていることを**顕在意識**といいます。

その下に潜んでいる、普段は自覚していない意識を**潜在意識**といいます。

好き嫌い、損得、勝ち負けの基準、愛憎の衝動などを決めるのは潜在意識です。

人によって違う当たり前の感覚、得意・不得意という感覚、なんとなくおこなっている行動の違い、考え方のクセ、気分なども、すべて潜在意識が決めています。

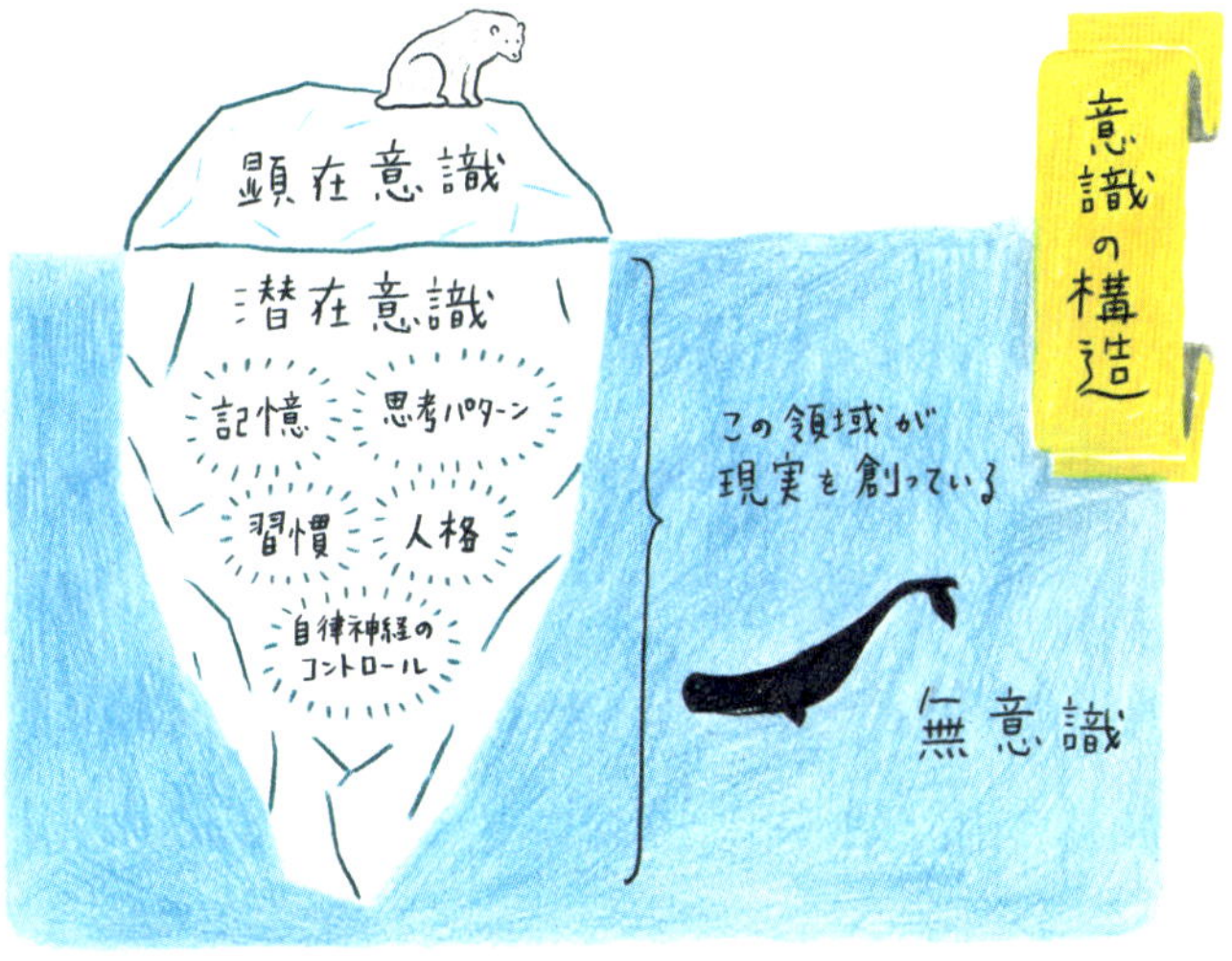

ということは、私たち人間の一つ一つの行動は、そのほとんどが、この潜在意識によって決められているということです。


そして、その奥にある無意識のさらに奥に〝魂〟があります。

ここは、先ほどの氷山の図でいうと、海の部分にあたります。

つまり〝魂〟は、その根底で、全人類みんなと繫がっているのです。


〝魂〟は、もともと神様から分け与えていただいたもの。

ですから、ここには神様の記憶が眠っているのです。

本当の神社参拝をすると、その記憶が呼び起こされます。

すると、眠っていた目的意識が、目覚めてくるのです。

ところが、潜在意識が強い思い込みに支配されていると、それにブロックされてしまい、〝魂〟の記憶が浮かび上がってこないのです。

だから、神社参拝の前には、ミソギハラエによって、顕在意識はもちろんのこと、潜在意識までクリーニングすることが大切なのです。

神様に愛される三つの習慣

では、どうすれば潜在意識《せんざいいしき》をクリーニングできるのでしょう？

重要なのは、〝習慣〟を変えることです。
習慣こそが潜在意識を書き換えるカギになるのです。

人の〝当たり前の感覚〟を決めているのが潜在意識です。

逆にいえば、自分にとっての〝当たり前〟を変えてしまえば、潜在意識を説得することができます。

その最短ルートが、いつも当たり前にやっている行動を変えること。

たとえば、多くの人にとって「朝起きたら、歯を磨く」というのは当たり前のことです。それが当たり前だと感じるのは、幼い頃から、ずっと続けてきたことだからです。

同じように、小さなことでも続けていくと、それが習慣になり、それをすることが〝当たり前〟になり、セルフイメージも書き換えられていくのです。

ですから、幸せになりたければ、幸せに生きている人が実際に、

・意識せずにやっている習慣
・なんとなくやっている習慣
・当たり前にやっている習慣

を、そっくりそのまま、まずはやってみることです。

それによって、潜在意識に蓄積したさまざまな思い込みがクリーニングされていき、健気で、純粋な、産心《うぶごころ》に戻ることができるのです。

ではここから、潜在意識をクリーニングするためにおすすめの習慣を紹介します。

それが、「浄化」「掃除」「祈り」の三つの習慣です。

どれも実践するうちに、感覚が高まり、願いが通じやすくなります。
できることから、まずは二十一日間、続けてみてください。

なぜ二十一日かといえば、「二十一」という数は潜在意識を書き換える不思議な働きがあるからです。そして、二十一日間続けることができれば、その習慣が当たり前になって、元の自分に戻りにくくなります。

昔の日本人はそのことを知ってか知らずか、運命を変えようと思ったときに、二十一日祈願といって、二十一日間連続で神社にお参りしたそうです。

潜在意識をクリーニングして、まさに産心そのものになって神社にお参りする感覚を、ぜひ、味わっていただきたいと思います。

きっと、これまでの神社参拝とは比べようのないほどの歓喜とともに、神韻縹渺《しんいんひょうびょう》とした感覚が、あなたの中に流入してくることでしょう。

習慣1　水と火の浄化で邪気をはらう

神様は、ケガレが嫌いです。

ケガレとは、〝気枯《けが》れ〟を意味しています。

神気《しんき》、正気《せいき》、元気が枯れてしまい、邪気が溜まっている状態のこと。

邪気は、ヨガ、アーユルヴェーダ、中医学、導引術においては病気の原因と考えられ、運命学においては不運の原因だと考えられています。

邪気が心身に侵入するとどうなるか？

・感情が乱れやすくなり、思考も冴《さ》えなくなります
・行動が鈍ったり、異常に眠くなったりします
・身体のどこかに、不調が起こります（いずれ病気やケガにいたります）
・マイナス思考になり、〝運気〟が下がります

・他人の〝運気〟、やる気、根気、積極性を奪う人になります
・他人のせいにしたり、悪口を言ったり、噂話を好む人になります
・八方美人的で、人の評価ばかり気にする人になります

世間には邪気が溢れています。
多くの人は、知らず知らずのうちに、邪気に影響されて、イライラしたり、ささいなことで心がかき乱されたり、他人の目が気になったり、不安になったり、うつっぽくなったりしているのです。

たとえば、こんな経験はないでしょうか？

・他人の愚痴《ぐち》や不平不満を聞いているうちに、自分も落ち込んでしまった
・他人の相談に乗っているうちに、気持ちが重くなった

なぜ、そうなってしまうのか？　それは、他人が抱えている邪気が、こちらに伝染

してしまうからです。それはまるで、タバコの煙のように、空気中をぷかぷかと漂い、気がつけば、衣服にタバコの臭いが染みつくようなイメージです。

もともとは愚痴や不満がなくても、その邪気に触れると感染・感応して、愚痴や不満を言いたくなってしまうのです。

ですから、どんなに「善かれ」と思っても、うかつに他人の相談に乗ってしまうと、邪気の被害者になってしまいますから、要注意です。

まじめで、相手に合わせられる、心やさしき人ほど、邪気は伝染《うつ》りやすいのです。

邪気を心身からできる限り抜かなければ、神様からの功徳《くどく》を受けとることはできませんし、自分の本当の願いも、わからなくなってしまいます。

まずは邪気を受けないように気をつけることが重要です。

邪気が伝染しやすいルートは、「人、食べ物、情報」など。

これらには特に気をつけてください。

・ネガティブな人、根性の悪い人とは、できる限り関わらない
・ジャンクフード、添加物、悪想念《あくそうねん》のこもった料理は食べない
・雰囲気の暗い場所、汚い場所、欲深い人の集まる場所に立ち入らない
・悪意や恨《うら》みを含んだ情報、噂話、ゴシップは見ない、聞かない、気にしない

とはいえ実際のところ、山奥の聖地にでも暮らしていない限り、まったく邪気を受けずに生活することは不可能です。ですから、邪気が溜まらないよう、心身の浄化に努めることが大事なのです。

基本は、〝その日のケガレは、その日のうちに〟を心がけ、浄化を習慣化しましょう。

浄化にはさまざまな方法があります。そして、方法によって取り除ける邪気の種類も違います。ご自身のライフスタイルに合わせて、実践できることから取り入れていってください。

■浄化法1．手を清める

清浄であり続けるために、日本人はみな、水を使って、さまざまな浄化をおこなってきました。神社のお手水《てみず》も、いわば神様に会う前の浄化の儀式です。邪気を取り除くことで心身が浄化され、自分自身がクリアであるほど、神様の感覚をインストールしやすくなります。

手というのはいろいろなものに触れるため、邪気がつきやすい部分です。

また、手の指というのは、手相学では、宇宙の気を吸収し、身体に取り入れていくアンテナのような働きをするといわれています。左手が吸収、右手が放出です。

清めた状態で、手を合わせて祈ると、身体の左半分と右半分の気が循環して、神社で受けた神気が心身に行き渡ります。神社で、参拝前にお手水で清めるのには、そのような意味があるのです。

そして、私がおすすめするのは、日常の中でも〝お手水をするような気持ち〟で手を清めるということです。

単に〝手を洗う〟という、誰でもやっていることですが、意識化して、儀式のようにおこなうことで、すごい変化が起こります。実際にやってみると、疲れにくくなったり、集中力が持続したり、イライラしなくなったり、きっとその違いに驚くはず。

こんなお話があります。

レストランのサービス（給仕）の腕を競う世界大会で、日本人初の世界一となった宮崎辰《みやざきしん》さん。彼は、メートル・ドテル（給仕長）として活躍しています。一流のサービスマンは、ホールのお客様全員の表情やしぐさ、食事の進み具合、会話の雰囲気など、ありとあらゆることに気を配り、即座に的確な判断をしなければなりません。

宮崎さんは、その集中力を保つために、あることを決めているそうです。

それは、**「わずかな隙間を見計らって一時間に一回手を洗う」**ということ。

これって……、そう、まさにお手水です。

まさか、サービスで世界一になった秘訣に〝お手水〟があるなんて、驚きとともに、納得した次第です。接客業というのは、えてして人のさまざまな〝気〟を受けやすい仕事ですから、邪気による悪影響も免《まぬが》れられません。

手についた邪気を放っておくと、集中力や判断力が低下します。

手の邪気が食器にうつると、食器を割ってしまうこともあります。

だから、手を清めることが欠かせないのです。

お手水をするときのポイントは、流水で両手を綺麗に洗ったあと、残った邪気を払うようなイメージで、手を振って水を切ることです。さらに、片方の手で、もう一方の腕を肩から指先まで撫でて、邪気を追い出しましょう。これは「パス」というヨガの浄化法です。

手から邪気が抜けて、すっきりした感覚になるまでおこなってください。

■浄化法2．火の瞑想

水の次は、ロウソクの炎を使った浄化法「火の瞑想《めいそう》」を紹介します。

やり方は、カンタン。用意するのは、ロウソク一本だけです。

目の前にロウソクを置いて火をつけ、リラックスできる、楽な姿勢で座ります。背筋をまっすぐに伸ばし、深くゆっくりと呼吸しながら、吸う息と吐く息を意識します。

次に、ろうそくの炎がゆらゆら揺れているのを、ぼーっと眺めます。

ここから、イメージを使った瞑想に移ります。

ろうそくの炎が眉間《みけん》を通って、すーっと頭の中に入り込み、脳内で燃えているところを想像します。

脳内で揺れる炎によって、頭の中にある「思考の乱れ（ネガティブな記憶、悩み、葛藤、心配事など）」が、次々に燃やされていきます。思考の乱れが消えていくと同時に、脳内が光り輝いていきます。

脳内が光でいっぱいに満たされた、と感じたなら、脳内にある炎を、ハート（胸の中心）に向かって、ゆっくりと降ろしていきます。

心に到着した炎は、心の中にある「感情の鬱積《うっせき》（ネガティブな印象、恨み、嫉妬《しっと》、怒り、不満、不安、イライラなど）」を、次々に燃やしていきます。

感情の鬱積が消えていくたびに、心は明るく、軽くなっていき、心の中が光り輝いていきます。

頭と心が、光で満たされたら、その光を全身の隅々《すみずみ》まで広げます。そして、内なる光が体外へと溢れだし、自分のまわりが光で包まれていきます。

その光の輪は、どこまでも大きくなり……。大切な人、家族、友人、知人、苦手なあの人たち、まだ見ぬ人たち、命あるすべてのものも、光の中に包み込まれていきます。

やがて、その光は、全世界へと広がっていきます。

そして、光に包まれた世界の中心に、自分がいることを感じます。

ここまでイメージできたなら、ゆっくりと目を開けます。

火の瞑想のポイントは、ありありとイメージすること。

そして、自分の身体を意識して、ちゃんと感じることです。

習慣2　静寂が訪れるまで掃除する

神様は、邪気のない、清らかな空間を好みます。

ですから、日常から掃除、整理整頓を大切にするほど、神様からの応援を受けやすくなります。

自分が使っている空間は、自分の映し鏡のようなもの。
「空間」を見れば、その「人」がわかります。
今の考え方も、気持ちも、すべて映ります。

逆に考えると、目の前の空間を掃除して、整えるということは、自分の考え方、気持ちを切り替えるための最も簡単な方法の一つなのです。

何かに執着して苦しんでいる人は、決まってタンスや押入れの奥に、捨てられない品々を、たんまり溜め込んでしまっているはずです。

その思いをスッパリと断ち切るように捨てて整理すると、「あれ、今まで何にこだわっていたのだろう……」と、軽い気持ちになれます。

「勿体《もったい》なくて、モノが捨てられない……」という人も多くいます。

けれど、捨てられないモノのせいで、部屋は邪気化して、運気は下がって、エネルギーは溜まらず、睡眠は浅くなり、判断力は鈍り、直感力は失われて、大事なご縁もキャッチできなくなり、せっかくの願いも神様に通じない……。

なんにもいいことがありません。

勿体ないの〝勿体〟とは、仏教用語で「モノの本来あるべき姿」のことです。

つまり、「勿体ない」とは、本来の姿が失われた状態のこと。

物を捨てること以上に、部屋が過去の思い込みの巣窟《そうくつ》になって、〝あるがままの自分〟を失うことのほうが、なにより勿体ないことでしょう。

そのことに本心から気づけたら、捨てることができるようになります。

古いものを捨てるというのは、新しい自分に生まれ変わるという、神様への決意表明です。その姿勢に応じて、神様の功徳《くどく》はいただけるものです。

私は北極老人から、神事よりも、占いよりも、まずはじめに掃除を教わりました。

そのココロは……？

- **霊界を掃き清めるつもりで、掃除する**
- **神様の通り道を綺麗にするつもりで、掃除する**
- **神様からメッセージをいただくつもりで、掃除する**

このような心で掃除を続けると、たとえ自宅やオフィスであろうとも、神聖で厳《おごそ》かな、まるで神社のような空気が漂うようになります。

もともと私も、決して掃除が得意ではありませんでした。けれど、掃除が神様に通じる最もシンプルな秘訣だと知って以来、掃除で悟りを開いた釈迦の弟子・周利槃特《しゅりはんどく》のごとく、「ありがとうございます」と繰り返したり、祝詞《のりと》を唱えたりしながら、掃除に明け暮れたものです。

自分と、目の前のそれと、空間とが一つになって、自分が掃除しているのか、掃除されているのか、わからなくなるくらいまで、一心不乱に。

あの清々《すがすが》しさと、心地いい疲労感と、至上の〝一体感〟を一度でも味わったら、「掃除がキライ」だなんて、一切、頭の片隅にも浮かばないようになったのです。

真の掃除をすると、あなたの部屋が、神域になっていきます。
日常が神社参拝になり、神様との距離がグッと近くなるのです。

習慣3　本当の意味で幸せを祈る

あなたは祈るときに、頭の中で何を思っていますか？

人の脳内では、一日約十万語の言葉が行き交うそうです。
それを、脳内会話といいます。

祈りの究極は、その脳内会話のすべてが、

・誰かの幸せを願う言葉
・みんなの発展を願う言葉
・神様に語りかける言葉
・魔物を改心させる言葉
・明るい未来を創造する言葉

になることですが、すべてとはいわずとも、過半数がそのようになるだけで、その人の祈りは並外れた影響力を持つようになります。

祈りは〝形〟よりも、〝中身〟が大切です。

同じように両手を合わせて姿勢を正しても、頭の中が雑念《ノイズ》でいっぱいだったら祈りとはいえませんし、落ち着きのない空気になってしまいます。

祈りの基本は、ただただ人の幸せを願う「祈り」です。

ただし、注意点があります。

それは、〝祈り〟と〝念力〟を混同しないことです。

〝祈り〟と〝念力〟は似て非なるものだからです。

祈りは、他力にお任せする、結果を神様に預ける気持ちです。

念力は、自力を使う、相手を操作しようとする気持ちです。

この微妙な違いを見極めなければなりません。

例えば、何かを願ったあとに、思いどおりにならなかったとしましょう。

そのときに、「どうして思ったとおりにならないの！」と、イライラしたり、悲しくなったり、ヘコんだりする場合は、純粋な祈りからズレている可能性が高いのです。

そのようになる裏側には、他者への期待の気持ち、そして、相手を操作したいという思惑《おもわく》が混入しているからです。

そうなったらもはや、純粋に相手の幸せを祈っているとは、いえませんよね。

〝祈り〟と〝念力〟は、根本的に違うのです。

幸福へのプロセスは、人それぞれ。

例えば、あなたが相手に対して、

「◯◯大学に合格してほしい」

「◯◯会社に就職してほしい」

「早く結婚相手が見つかってほしい」

といった願いを持ったとしても、そのあなたの望む未来が、必ずしも相手にとってベストとは限らないということ。

ですので、誰かの幸せを祈るときは、「具体的にこうなってほしい」という結果を願うのではなく、ただただ、その相手が、幸せになっているところをイメージするのです。

大切なのは、形式よりも、言葉よりも、〝想いの熱さ〟と〝臨場感〟。

情感を込めて、その人が明るく、温かい笑顔になって、熱く、元気になっている姿をイメージします。今まさに目の前で、それが実現しているかのように、ありありと思い浮かべるのです。

そのようにして、毎日、誰かの幸せを祈る。

朝一番に、たった数分でも手を止め、その日の流れをイメージして、出会う人、お世話になる人、挨拶する人、会話する人、一人一人の顔を思い浮かべながら、ただただ、純粋に幸せを祈るのです。

ただただ人の幸せを願う祈り

「○○さん（お名前）の霊《れい》も、魂《こん》も、魄《はく》も
明るく、温かく、熱く、元気になっていただきました。
ありがとうございます」

霊…人の気持ち、感情、思考、意識のこと
魂…心の奥底にお鎮《しず》まりになっている神なる自分のこと
魄…肉体をつくっている生命エネルギーのこと

第二章

神様に愛される
参拝作法と祈り方

神社の空気を持って帰る

神社の功徳《くどく》をいただくために、まず大切なことは〝空気を感じる〟ことです。

空気とは何か？


例えば、誰かから「彼氏との相性はどうですか？」という相談をされたとします。

私は占い師として、このような相談は数千回とお受けしてきましたが、本当のところを申しますと、占うまでもないのです。すべては表情に表れているからです。

相談者の表情、さらに言えば、〝空気〟を見れば、その答えがわかります。


「不安顔」か「安心顔」か。

相性が良ければ「不安顔」にはなりません。

相性が悪ければ「安心顔」にはなれません。

「不安顔」にはイヤな緊張感が漂います。

「安心顔」は安堵《あんど》感に包まれています。

言葉では「彼を愛してます」と言いながら、表情、空気が冷たく「不安顔」の人は、自分にウソをついています。本当に愛しているなら、そういう「空気」にはならないでしょう。言葉はウソをつきますが、〝空気〟は正直なのです。

なぜなら、人の〝空気〟というものは、

・顕在意識《けんざいいしき》（思考・感情）
・潜在意識《せんざいいしき》（性格・感覚）
・無意識（魂で感じていること）

これらすべてが作り出したものだからです。


〝空気〟を感じることで、人の気持ちを察知する。

これは私に限らず、多くの人が無意識にやっていることです。

きっとあなたのまわりにも、空気が読める人、読めない人がいるでしょう。

空気が読める人とは、相手が発する空気から、その人の〝言葉にならない気持ち〟が読みとれる人です。たいていそういう人は、場の空気にも敏感です。

私は北極老人《ほっきょくろうじん》から、「神様を感じるためには、空気に敏感になりなさい」と教わってきました。

人の気持ちが空気に表れるように、神様のお気持ちもまた、空気に表れるからです。

しかも人と違って、神様には身体がありません。

ですから、神社に漂う空気そのものが、神様の正体なのです。

各神社には、特有の空気が流れています。

女性的でやわらかな空気。男性的で厳《おごそ》かな空気。

時が止まったような静寂な空気。燃え上がるような熱い空気。

言葉では表現できない情報を、その繊細微妙な空気が語っているのです。

神様の声を聞くとは、その空気を〝翻訳する〟ということなのです。

神様の感覚をウツすには、まず神社の空気を感じることがファーストステップです。

ただし、神仏の醸《かも》し出す空気は、人間のそれとは比べものにならないくらい軽やかで、繊細で、無色透明なもの。自分自身の空気がざわついていたら、なかなか感じとることができません。

ですから、神社には日頃の雑念《ざつねん》は持ち込まず、心を鎮《しず》めてからお参りしましょう。

また、空気を感じやすい「時間」と「場所」を選んで参拝することも大切です。

おすすめは早朝参拝。

開門に合わせてお参りして、人の気配がない、空気の澄んだところでお祈りすることです。観光客でごった返しているときは、人の俗気《ぞくけ》に埋もれて、神様の空気はかき消されてしまいます。

空気が消えているということは、〝神様が降りていない〟ということなのです。

良い空気に包まれて祈るからこそ、神様へ通じるのです。

また神社参拝といえば、賽銭《さいせん》箱にお金を入れて、そこで手を合わせるイメージを持たれる人が多いですが、必ずしも賽銭箱の前である必要はありません。

むしろ、賽銭箱のまわりほど、空気が淀んでいることが多いのです。なぜなら、その場で大勢の人が〝祈願〟するからです。実際のところ、その祈願の中には多分に自己中心的な願望が含まれており、「祈り」というより「欲心」や「野心」に近い気持ちで参拝される方も少なからずいらっしゃるのが事実です。ですから、どうしても賽銭箱のまわりは濁った空気になりやすいのです。

私はだいたい、境内を歩きながら空気のいい場所を見つけて、本殿の上空に向かって遥拝《ようはい》します（※1）。

山が御神体になっている神社なら、山に向けて祈るといいでしょう。

ぜひ参拝の際はご自身で空気を感じながら、祈る場所を見つけてみてください。

※1　遥拝とは、離れた場所から祈りを向けることです。

次に、神様の感覚をインストールするセカンドステップ。

空気を感じたら、今度はそれを〝持って帰る〟ことです。

参拝から帰ったあと、神社の空気を自分自身の中で再現してみるのです。

その神社の情景だったり、漂っていた香りだったり、聞こえた鳥の声だったり、頬をなでた風の感触だったり、お参りしたときに印象に残ったことを、ありありと思い出して、そのときの気持ちを呼び起こすのです。

御札や御守りなども、神社の空気を思い出すきっかけとして役立ちます。

神社参拝で幸せな気持ちになったときに、考えていたこと、思っていたこと、感じていたことを心の中で再現すると、そのときの空気が〝降りてくる〟のです。

空気が〝降りてくる〟とは、すなわち、神様を〝お迎えする〟ということ。

お迎えすれば、あなたの心が神社になるのです。

すると、あなた自身が発する空気も変わります。

声も、しぐさも、行動も、思考も、感情も、神社の神様に近づくのです。

清々しい空気と一つになって、いつもと同じことをやってみたら、新鮮な感覚で向き合えるはずです。

日常を神様と過ごしたとき、あなたに訪れる新しい展開や出会い。それこそ、最大の神様の功徳《くどく》なのです。


ちなみに、北極老人は、空気を降ろす達人です。

師匠が神社の話をされるだけで、だんだんと空気が整えられていって、まるでその神社にいるかのような空気になっていきます。そしてご自宅の空気も神社のような清々しさ。いつもそこは、いるだけで心が洗われるような場なのです。

その場、その場で、お力添えいただきたい神様の空気を降ろして、日々を送る。

寝ても覚めても、その空気とともにいる。

これぞまさしく、日常に神様をお迎えするということであり、**神社の功徳を余すところなく授かる秘伝**なのです。

まず空気を意識してお参りしてみるだけでも、あなたの神社参拝はまったく違うものになることをお約束します。

第一章でお伝えした浄化や祈りを実践していると、空気の感度も高まります。

すると、例えば同じ神社であっても、参拝するたびに空気が微妙に変化していることに気がつくようになります。

さらには、「今日は神様がいらっしゃる」または「いらっしゃらない感じがする」とか、「ここの神様は、あの神社の神様に似ている」といったことまで、なんとなくキャッチできるようになります。

これを私たちは、空気の〝審神《さにわ》〟とよんでいます。

審神とは古神道の言葉で、神様が降りた際に、その神様と対話し、その神様が何者であるかを見極めて、降りてきた神託（メッセージ）を解釈することをいいます。

もし、それまで決してできなかったことを、まるで別人になったかのような感覚でやってのけることができたとしたら。その瞬間、あなた自身が〝神がかって〟いるということ。

普段から、良い空気に包まれて日々を送ることを大切にしてみてください。

空気が乱れたと感じたら、また神社の空気を思い出して、それを心の中に降ろしてくるのです。
もし、そばにいる人が、あなたと一緒にいるだけで、和んで、幸せで、一点の曇りもない気持ちになれたとしたら、そのときあなたは神様と一心同体になっているということ。
神社参拝とは、人と神とが結ばれ合一《ごういつ》する儀式なのです。
神社の境内は、女性の身体にたとえられます。
鳥居＝女性器
社を覆う森＝陰毛
参道＝産道
御宮＝子宮
そこへ、心身を水で清めた人が入っていくのです。
男と女が一つになったときに、愛が生まれるのと同じ。
神と人とが一つになったとき、奇跡が訪れるのです。

神様を口説くつもりで祝詞を唱える

神道では、神様をお迎えするときに、祝詞《のりと》を奏上《そうじょう》します。
こんな言い方をするとバチ当たりに聞こえてしまうかもしれませんが、祝詞は、神様を褒《ほ》め称えて、ノリ気になっていただくための口説《くど》き文句《もんく》、またはラブソングのようなものです。

「神様、いつも綺麗ですね、素晴らしいですね。
私は、神様に会えて最高に幸せです。本当にありがとうございます」
と神様を褒め称え、感謝を表しているのです。

意中の相手に愛を語るときには、言葉選びよりも、思いを伝えることが大事です。
同様に、祝詞は意味を理解することよりも、唱えるときのイメージが重要なのです。
「一般人が祝詞を唱えてもいいの？」と心配される人もいますが、まわりの迷惑にならなければ大丈夫です。

私がお祈りのときに、一番はじめに奏上するのが**「天津祝詞《あまつのりと》」**です（一二六ページ参照）。

この天津祝詞の中で、一番大事なところは、冒頭です。

「高天原《たかあまはら》に、かむずまります」

高天原とは、天上にある神々の国のこと。

この一節は「この場所に神様がいらっしゃいます」という意味になります。

〝この場所〟って、どこなの？　という疑問が湧いてきますが、この一節を唱えながら、あなた自身が、祈りに合わせて高天原の場所を〝決める〟ことが大事なのです。

例えば、神社参拝をして、「高天原にかむずまります」と唱えるときは、**「私が今ここうしてお参りしている神社に、神様が降りてきてくださいました。ありがとうございます」**という意味合いが隠されています。

神社参拝に行ったときは、その神社が高天原になると見立てるのです。

部屋で祈るときは、あなたの部屋が「高天原」。
誰かの幸せを祈るときは、その人の心が「高天原」。
料理に祈りを込めるときは、そのお皿の上が「高天原」。
仕事の成功を祈るときは、その仕事にかかわる人々の関係性が「高天原」。

「ここが高天原になる」と決めて、強くイメージしながら唱える。
すると、たった数秒でも空気が変わり、神様をお迎えする準備が整います。
きっと、心が軽く、温かく、明るくなっていくのを感じていただけるでしょう。
あとは続けて、「かむろぎかむろみのみこと……」と唱えていってください。

神様が与えてくださる恵みのことを〝功徳《くどく》〟といいます。
神社で功徳をいただくコツは、神様を〝口説《くど》く〟つもりでお参りすること。
功徳は〝口説く〟という言霊の暗号なのです。

天津祝詞《あまつのりと》

高天原《たかあまはら》に神留坐《かむずまりま》す　神漏岐《かむろぎ》　神漏美《かむろみ》の命《みこと》以《も》ちて

皇親《すめみおや》神《かむ》伊邪那岐《いざなぎ》の命《おおかみ》　筑紫日向《つくしひむか》の橘《たちばな》の

小門《をど》の阿波岐原《あわぎはら》に禊祓《みそぎはら》え給《たま》いし時《とき》に生坐《あれま》せる　祓戸《はらえど》の大神等《おおかみたち》

諸々《もろもろ》の禍事罪穢《まがごとつみけがれ》を　祓《はら》え給《たま》ひ清《きよ》め給《たま》ふと申《まお》す事《こと》の由《よし》を

天津神《あまつかみ》　地津神《くにつかみ》　八百万神等共《やおよろずのかみたちとも》に

聞食《きこしめ》せと　畏《かしこ》み畏《かしこ》みも白《まお》す

惟神霊幸倍坐世《かむながらたまちはえませ》

参拝すべき神社の見分け方と選び方

参拝する神社を間違えると、開運するどころか、調子を崩してしまうこともあるので注意が必要です。

ここでは、神社選びを間違えないために、「神社参りの三段活用」をお伝えします。

まず、第一にお参りすべきは、日本を代表する神社・伊勢神宮です。

伊勢神宮は、日本の神界を統括するようなお働きがあります。

日本という国が安泰《あんたい》だから、日々の生活が成り立つのと同様に、伊勢の神様のお働きがあるから、あなたが八百万《やおよろず》の神々の助けを受けることができるのです。

ですから、自分の願いごとをするというよりも、その感謝を述べるご挨拶として、年に一度、伊勢にお参りされるといいでしょう。

そして、第二にお参りすべきは、地元の「産土《うぶすな》神社」です。

産土神社とは、あなたの生まれた土地、もしくはお住まいの土地に宿る産土神がいらっしゃる神社のこと。

一番身近でお世話をしてくださり、困ったときにも軽いフットワークで助けてくださるのが産土神ですので、まずは地元の産土神社にご挨拶しておくことが欠かせません。

地元の神社といってもたくさんありますが、あなたが住んでいる土地の「一宮《いちのみや》」と呼ばれる神社にお参りしていただければ、間違いありません。

一宮とは、各地域（旧国内）で最も社格が高いとされる神社のことです。

お住まいのところから一番近くにある一宮にお参りしてみましょう（二五八〜二六一ページの「全国の一宮一覧」参照）。

産土神社には、ことあるごとにお参りして、日頃の感謝をご報告をするといいでしょう。

毎月一日や十五日に、月参りされることをおすすめします。

全国各地を担当する産土神は、ネットワークが組まれており、あなたが困ったときには、その時々に必要な神様に取り次いでくれる、ありがたい存在なのです。

そして、第三にお参りすべきなのが「あなたの願望に合わせた神社」です。

本書の第四章では、功徳《くどく》別に十二の神様をご紹介していますので、その中からお力添えをいただきたい神様を選び、その神様に会いに行く気持ちで参拝してみてください。

これらの神社以外でも、お参りして構いませんが、その際は〝空気の清らかな神社〟を選ぶようにしてください。

・観光地化して人混みで溢れている神社
・手入れが行き届いておらず汚い神社
・荒廃している神社

などは、たいてい神様がお留守になっていますので、おすすめしません。

神様は、ケガレを嫌います。綺麗な空間、美しい空間にこそ神様が宿るもの。

ですから、綺麗か汚いかというのは、神道《しんとう》において非常に大切なのです。

境内が綺麗に掃き清められているほど、空気も清々《すがすが》しく、澄んでいるものです。

そして、長い歴史にわたって、その伝統が守られている神社は、そこに重厚感が加わります。清々しく、かつ重厚感があるということは、空気が濃密だということ。

空気が清らかで、濃密であるほど、神様が降りる〝良い神社〟だといえるのです。

自己紹介をして神様の名前を呼ぶ

お祈りをするときは、まず神様に自己紹介をします。

人間社会でも、偉い人に会いに行くときは、自分から名乗ることが常識ですが、神社にお参りするときも、まずは自己紹介することが基本です。

「私は、（住所）に住んでいる、（氏名）と申します」

という一文をベースに、職業、勤務先、家族構成などを付け加えても構いません。

そして、自分が名乗ることに加えて大切なことが、「神様の名前をお呼びする」ということです。

御神名《ごしんめい》もわかっていないのにお願いするのと、「どうか天照大神《あまてらすおおみかみ》様、願いをかなえてください」と、お願いするのとでは大違い。

ですから、神社参拝をする前から、そこに祀《まつ》られている神様の名前を知っておいて、

「今日、私はこの神様に会いに行くんだ」
という意識を持って参拝することがカギになります。

ぜひ、**神社にお参りする前は、その神社の主祭神（祀られている神様）の名前を調べてからお参りする**ようにしてください。今でしたら、インターネットで検索すれば、すぐに調べることができます。

そしてお願いするときは、次のように唱えます。

「（御神名）様、守り給《たま》え、幸《さきわ》え給《たま》え」

例えば、伊勢神宮では「天照大神様、守り給え、幸え給え」となります。
これは、「神様どうぞお守りください、幸せにお導きください」という意味です。
自ら名乗り、神様の名前をお呼びするだけでも功徳《くどく》の受け方が、まったく変わってくるのです。

究極のゴールから祈る

神様に願いを届けるコツは、〝究極のゴール〟から祈ることです。
究極のゴールとは、「あなたは、何のために生まれてきたのか？」ということ。
言い換えると、あなたは神様から何を望まれて生かされているのか、です。

「そんなの、わからないよ」と思われるかもしれませんが、どうかご安心あれ。
そもそも、この問いに、答えはありません。

大切なのは、まずは自分でゴールを設定して、そこへ向かう意思を持つこと。そして、その究極のゴールに導いてもらえるように、発願《ほつがん》し続けることなのです。

〝究極〟ですから、「大金持ちになって、自由気ままに暮らしたい」とか、「理想の男性と結婚したい」とか、そういった個人的な夢とは違います。そのような夢を持つことが悪いとはいいませんが、それらは〝目的〟ではなく、あくまで目標です。そこには〝神様から望まれていること〟が含まれていないからです。

第一章でもお伝えしましたが、神様が人間に望むことは、「人類みんなの幸せ（他者貢献）」と「あなたの心の成長（自己実現）」です。ですから、それらを含んだ究極のゴールを目指すことが、神社で開運する秘訣なのです。

ゴールは高ければ高いほど、言葉にすることが難しくなります。ですから、「女神のような女性になって、みんなを笑顔にする存在になっている」とか、「最高にいい男になって、世界中の人を苦しみから救っている」とか、抽象的な表現でも構いません。

もし、言葉が浮かばなければ、次の言葉で祈ります。

「私は、世のため人のために生き、神様に与えられたお役目を全うします」

ゴールを設定したら、あとはその未来の自分の姿を、〝どれだけ臨場感を持ってイメージできるか〟が大切です。

その上で、ゴールから〝逆算〟して、あなたが具体的にかなえたい夢や目標を唱えていきます。

例えば、十年後に、

・どんな自分になっていたいか？
・どのように、世のため人のために貢献していたいか？
・どんな人と、どんな場所で、どんな生活を送っていたいか？

をイメージしてお祈りします。

次に一年後、一ヶ月後と、ゴールから逆算して、かなえたい目標を決めていくのです。

そしてポイントは、目標をかなえることによって、ずっと先にあるゴールに一歩近づくというイメージで、神様にお願いごとをすることです。

「乞《こ》い願わくば、（ゴール）を実現するために、（願いごと）をかなえてください」

具体的に成し遂げたいことがある場合は、次のように祈るのがいいでしょう。

「○○ができるような（得られるような）自分に、成長させてください」

願望の成就に執着するのではなく、自分の成長を軸として、自分が成長できたときに、自分の周囲の人々、関係者がみんなハッピーで、笑顔でいるところをイメージしながらお祈りします。

このようにして、あなたの願いと、神様の願いの、共通項を見つけていくのです。

神様の目線から見ても、喜んで応援したくなるようなゴールを設定して、どんな願いごとをするにも、目の前にある小さな目標が、そのずっと先にある大きなゴールに繋がっているという前提でお願いすることが神様に通じるコツです。

すべての願いごとが、そのゴールにいたるためのステップだと見立てればいいのです。

もちろん、ここで願ったことがそのとおりかなうかといえば、そうとは限りません。
もし方向性が違っていたら、「そっちじゃないよ」と、軌道修正するようなメッセージや、できごとが訪れるでしょう。

そして、あなたの人生がより豊かになるほうへと、導かれていきます。
ですので、もし願いがすぐにかなわなくても、自分の願望どおりに進まなくても、最高に幸せな未来に辿り着くために、すべて必要なプロセスなのだと信じ、プロセスを楽しむことです。

きっと十年後は、自分が思い描いた世界を超えるような未来が待っています。

大切なのは、自分の願望どおりに進むことではなく、ゴールまでの道のりで人生に与えられる体験を味わい、経験を積むことです。それを受け入れられる心のおおらかさと柔軟さが、心の成長に繋がるのです。
その心があれば、必ず人生が開けます。

明るい未来に繋がるか、暗い未来に繋がるか、いつも今の心が決めるのです。

対話するように言葉を尽くして祈る

言葉には、不思議な霊力があります。

神様にお願いごとをするときも、ちゃんと言葉にすることが大切です。

しかし、多くの人はそこをすっ飛ばして、「神様だったら詳しく言わなくてもわかってくれるよね?」といわんばかりに、「いい職場にめぐり合えますように~」「彼女（彼氏）ができますように~」と言いながら、神社のお賽銭《さいせん》箱に小銭を投げ入れてパンパンと手を叩く。これではいけません。

目の前にいらっしゃる神様に、語りかけるような感覚でお祈りしましょう。

例えば、彼女（彼氏）がほしいのであれば、

「神様、私は彼女（彼氏）がほしいと思っています。なぜかというと、今、私は○○

という会社で、□□□といった仕事をしています。仕事の上で、彼女（彼氏）という支えがあればモチベーションも上がると思いますし、より会社に貢献できる人間になれると思うのです。家に帰ったときに、温かい笑顔で迎えてくれる、家庭的なパートナーが理想です。それによって、生活の質が上がり、自分自身も明るく元気になれて、ひいてはお客様の幸せ、より多くの人の幸せに繋がると思っています。だから、どうか神様、いい人とめぐり合わせてください。どうか、よろしくお願いいたします」


このように言葉を尽くして、丁寧に、具体的に言うことがポイントです。

そうすると、神様も「そうかそうか、そういう理由で彼女（彼氏）がほしいのか。ならば手を貸してやろう」となるわけです。


真剣さ、誠意を伝えるには、言葉を尽くすのが一番です。

それが感じられない人や、自分のことしか考えていない人に、どうして力を貸してあげたいと思うでしょうか。

神様を動かすのも、人を動かすのも、基本姿勢は同じなのです。

神様にお願いしたことは人に言わない

神様にお願いしたことは、あなたと神様だけの秘密にしてください。
それには、二つの意味があります。

一つは、願望実現の邪魔が入らないようにするためです。

例えばあなたが大きな夢を持って、それを親兄弟や友人に打ち明けたとしましょう。おそらく、ほとんどの人に「やめときなって……」「そんなのムリだよ……」と、ストップをかけられてしまうでしょう。実は、そういった周囲からの口出しによって願望実現を妨げられる人は極めて多いのです。

どんなに善人そうに見える人でも、潜在意識《せんざいいしき》の奥底に、人の幸せをうらやむ気持ちや、危ない橋を渡らせたくないと思うがゆえに、素直に応援できない気持ちが出てきたりするものですから、「この人なら言っても大丈夫かな」という油断も禁物なのです。

もう一つの理由は、神様とより親密になるためです。

よく恋愛でも、男女で「二人だけしか知らない秘密」を共有することで、心理的距離が近くなる、などといわれますが、それは人と神様においても同じです。

その昔から、宗教的な秘儀も、占いの奥義も、限られた者のみが知る秘密として語り継がれてきました。

なぜ、大切なことは秘密にされるのか？

それは、その霊力の根源となる神々と密約を交わし、秘密を守ることにより、その摩訶不思議な働きを味方につけてきたからです。

平安時代に弘法大師・空海が開いた密教もそうです。その教えは口伝《くでん》継承で、選ばれた者のみが知る秘伝とされました。それにより、病気治しや、願望成就にすさまじい威力を発揮したそうです。

恥ずかしいことも、誰にも言ったことがない本音も神様には素直に打ち明けて、それを秘密にするからこそ、神様との距離が近くなり、より大きな功徳《くどく》を授かることができるのです。

結果は神様にお預けする

九十九パーセントは自力を尽くして、最後の一パーセントは神様にお任せする。

それが、祈りの基本姿勢です。


人は結果を求めがちです。

けれど、結果に執着すればするほど、大切なゴールを見失います。

恋人ができた。結婚した。お金持ちになった。試験に合格した。仕事で昇格した。

このような目に見える結果を手にすることは、確かに嬉しいものです。

けれど、結果だけに執着してしまうと、むしろ幸せが遠のいてしまうことすらあります。恋人ができた瞬間に、嫌われることや別れることへの不安が生まれます。お金や成功を手にした瞬間に、それらを失うことへの恐怖心が芽生えます。

不幸が襲ってくるのは、たいてい結果だけを重要視し過ぎて、人生にとって大切なゴールを見失っているからです。

具体的な目標を達成することは、幸せのゴールではなく、あくまで〝通過点〟に過ぎないことを、忘れてはなりません。

ゴールに向かう道のりは人それぞれで、ルートは無数にあるのですから。

例えば、神様に祈り、あなたが望んだ結果と違う答えが返ってきたとしましょう。

そのような場合は、神様が「こっちのルートのほうが近道だから」と、ルートを修正してくれたということ。ですから、そういうときほど、神様に感謝すべきなのです。

ところが、祈りに〝期待〟を込め過ぎてしまうと、自分の思いどおりにかなわなかったときに落胆してしまいます。そして、せっかく神様が用意してくださったゴールへの道筋を見失ってしまうのです。これは非常に勿体《もったい》ないことでしょう。

絶対にあの人と結ばれたかったのに！　と、かなわぬ恋に執着しているうちに、あなたのすぐ隣を、運命の人が通り過ぎているかもしれません。

絶対にあの仕事に就きたかったのに！　と、失った立場に執着しているうちに、あなたの目の前を、千載一遇《せんざいいちぐう》のチャンスが通り過ぎているかもしれないのです。


祈りにおいて大切なのは、結果を期待し過ぎないこと。

むしろ**結果を手放して、神様に〝お預けする〟**ことです。

私はお祈りをするとき、いつも必ずこの一節で締めくくります。


「神様ありがとうございます。惟神霊幸倍坐世《かむながらたまちはえませ》」


「惟神霊幸倍坐世」とは神道《しんとう》の言葉で「結果はすべて、神様にお預けいたします」という意味です。

この言葉を唱えるだけで、結果に執着する心が不思議と静まります。そして、胸の内に安らかな空気が広がるでしょう。感謝の気持ちとお預けする心こそ、神様と心を通わせる要《かなめ》になるのです。

その心が通じたとき、あなたの期待を遥かに超える本当の幸せに導かれていくでしょう。

第三章

書いて願いをかなえる
神社ノートとは

なぜ、書くことで願いがかなうのか？

実は、神社にお参りする前にたった一つのことをするだけで、願望実現力を何倍にも増す秘策があります。それが〝**願いを書く**〟ということです。

しかも、本書の巻末に収録した「神社ノート」（二九五〜三〇二ページ参照）は、ただのノートではありません。

あなたの願いをかなえるための秘密が込められた、特別なノートです。

そのノートの秘密をお伝えする前に、まず、願いをかなえるために、〝書くこと〟がいかに大事か、というお話をします。

神社で、神様に願いごとをすることを願立て、発願《ほつがん》、祈願といいます。ここでは「祈願」としましょう。

しかし実のところ、ほとんどの参拝者は、正しい祈願ができておりません。

祈願とは、単に「あれがほしい、こうなってほしい」と、神様に願望を投げることではありません。

神様に〝問い〟を投げることです。

神社参拝をすることによって、その〝問い〟に対する〝答え〟を神様が返してくれる。その対話をすることが神社参拝の醍醐味なのです。ところが、そもそも、ちゃんとした〝問い〟を持って生きている人は極めて少ないのです。

なぜ、そうなってしまうのか？

それは、〝書かないから〟です。

書くとは、〝言語化する〟ということです。

あなたが神様に望むことがあっても、それを言語化せずにいると、脳内にひしめく雑念に埋もれて、大事な問いが見えなくなってしまいます。たとえIQが二〇〇あっても、堂々めぐりになるだけで、問いが深まっていきません。だから、頭の中だけで考えていると、いざ神社参拝するにしても、そのときの気分で「あれがほしい、こうなってほしい」とお願いするだけになってしまうのです。

それはもはや〝発願〟ではなく、単に〝欲求〟を並べているようなものです。


自分の願いを書いていると、頭の中でぼんやり考えているだけの願いが、言語化されます。すると思考も整理されて、自分でも思いもよらないような、〝本当の願い〟が発掘されたりするものです。


私たちは、生きているといろいろな〝問い〟が生まれます。

「どうしたら、いい恋愛ができるんだろう？」

「運命の出会いは、いつ訪れるんだろう？」

「私の一番の魅力って、何だろう？」

「何のために、私は生まれてきたんだろう？」

「どうすれば、世界から無益な争いがなくなるのだろう？」


人によって、問いのレベルはまちまちですが、「それくらい自分で考えたらわかるでしょ」という低レベルな問いには、神様も取り合ってくれませんから、いかに日常の中で問いを深めていくかが大切なのです。
そして神様は、学校や塾の熱血教師のように、〝良い質問〟を持ってくる生徒には、とことん熱く、返してくれるものです。

天才発明家アインシュタインは、「時空とは？」を問い続け、相対性理論を閃《ひらめ》き、
天才画家ピカソは、「人はなぜ争うのか？」を問い続け、名画ゲルニカを描き、
天才音楽家モーツアルトは、「愛とは？」を問い続け、数百の名曲を残しました。

ただ漫然と生きている人のところに、革新的なアイデアや、美しいヴィジョンやメロディが降りてくるはずはありません。不問の問いがあるからこそ、天から与えられるのです。それは、閃きに限らず、ご縁や、チャンス、タイミングといった、あらゆる天の恵みにもいえることなのです。

ですから、ぜひ神社ノートに、あなたの願いを書き続けていくことで、問いを深め

ていただきたいのです。

それを続けていって、実際に神社にお参りし、神様に祈りを向けながら日々を過ごしていると、今までとは神社参拝の質がまったく変わるはず。

「あ、これは神様からのメッセージだ！」と思えるようなできごとが、目の前に起こってくるようになるのです。


神様は、姿かたちもなければ、声も発しません。その代わりに、あなたのまわりの人や、偶然のできごとを通じて、メッセージを届けてくれるのです。


私の友人は、ある神社で「これからの人生のために、今の仕事を続けるべきか、やめるべきか、どうかお教えください。メッセージをください」と熱烈にお祈りしていたところ、その帰り道に、酔っぱらいのおじさんに出くわしたそうです。

すると、そのおじさんが大きな声で、目の前でこう叫びました。

「やめろぉ〜！　やめちまえぇ〜！」と。

もちろん、傍《はた》から見れば、ただの酔っぱらいのたわ言なのですが、その友人にとっては、神様からのメッセージだったのです。

その彼は、勇気を持って会社に辞表を出して、それから運命が開けていきました。

だいたい、神様からの答えがやってくるときは、二つ三つ重なって、同じメッセージがやってくるものです。

一つのメッセージだけで判断すると、早合点《はやがてん》したり、自分にとって都合がいいように勝手に解釈しがちなので、神様と会話のキャッチボールをするようなイメージで、日常の中からメッセージを拾い集めていくことが大切です。

そして、そのように意識のアンテナを張って過ごしていると、人との接し方や、仕事の取り組み方など、行動も変わります。

書いて発願するだけで、自ずと神様に愛されるようになるのです。

神社ノートには結界が張られている

本書の巻末に収録した「神社ノート」には、背後にうっすらと墨文字のような文様が入っています。

これは、私の師匠・北極老人《ほっきょくろうじん》が特別な方法でお書きになった、神様の神気を再現する護符《ごふ》であり、いわゆる〝結界〟の働きをするものです。

そもそも神社といえば、朱塗りの鳥居や、立派なお社をイメージする人が多いと思いますが、そのような、いわゆる神社のイメージが作られたのは、ここ千数百年くらいのお話です。もっと古くから、永い歴史を持つ日本人の信仰は、「古神道《こしんとう》」と呼ばれる、一種の精霊信仰《アニミズム》であって、その本質は「自然は神なり」という考え方にあります。

山も海も、花も草木も、太陽も月も、カシオペアも北極星も。

雨風や雷も、地震も津波も、素粒子や微生物も、宇宙はすべて神様なのです。

そして、日本の各地には、古来よりそれら自然のエネルギーが凝結している聖地がありました。それはいわば、神様との**通**《かよ》**い路**《じ》がある場所なのです。

よく、「神社の鳥居の目前で津波が止まった！」とか、「大地震があったのに、この神社だけ倒れなかった」というお話がありますが、それはもともと、特別な土地を選んで建てられているからなのです。

その地を風水師が見極め、邪気邪霊、魔物や低級霊に侵《おか》されないように結界というバリアで守ったことが、神社の始まりです。

もともと風水とは、「聖地を見極める技術」であり、さらにいうならば、「神様との通い路を降ろす技術」だったのです。私が北極老人より教わった日本式風水を活用すれば、自宅に結界を張り、さながら神社のような聖地にすることもできます。

そして、それをノートの上で実現したのが、本書の**神社ノート**です。

つまり、**このノートを開くだけで、いつでも、何度でも、神社に参拝することができ**

きるのです。

そして、まるで神様との交換日記のように、あなたがここに書いたことは神様のもとへ届きます。

毎日、書いては祈り、祈っては書く。それを基本にする。

すると必ず、あなたの発願に応じて、メッセージが返ってくるようになります。

実際に神社に参拝すると決めたら、神社ノートを最低三日間、できれば二十一日間、一日一行でも構いませんから書き続けた上で、参拝をしてみてください。

おそらく、これまでの参拝では感じたことのないような感覚が味わえるはずです。

そして、参拝を終えてからも、報告をノートに書くことで、さらに神様と親密になれます。嬉しいことが起こったら感謝を述べて、試練がやってきたら、お力添えをお願いするのです。

そのような対話を通じて、二十四時間、寝ても覚めても、オールウェイズ、神様とともにいる感覚になれたら、そのときすでにあなたは、神様の導きにより最高の未来へと進み始めているでしょう。

願いをレベルアップさせていく

人は誰でも、成長とともに願望が進化していきます。

本書の方法に従って、この神社ノートを書き始めることで、さらにその進化のスピードは加速するはずです。

ですから、日々、願いを書いていく中で、最初に設定したゴールに違和感を覚え始めたり、「以前に書いた願いは、やっぱり違うな……」「もっとこう書き換えたほうがいいな」と思ったら、気にすることなく書き直して大丈夫です。

キャンセルしたい願いごとがあれば、斜線を引いて消すようにしてください。

この神社ノートの真骨頂《しんこっちょう》は、日々、願望を進化させていくところにあります。

進化とは、〝私のため〟だけの願望に飽きて、より大きな〝みんなのため〟の願望に目覚めていくことです。より大きな願望に目覚めるほど、あなた自身の幸せも大きくなります。

自分の願いと、まわりのみんなの願いが一致したら、まわりのみんなからも、自然と応援されるようになるでしょう。

さらに自分の願いと、神様の願いが一致したら、神様から応援されるようになるのです。

ノートに書いて神様に問いかけ、語りかけ、祈り続ける日々の中で、願いをレベルアップさせていきましょう。

あなたの祈りは、空間を超えて、必ず伝わるものです。

祈りの質が高まるほど、あなたの人生の質も高くなります。

神様の功徳とはどういうものか？

神様にも、「得意・不得意」があります。
あなたの願いをかなえるには、そのために適任な神様にお願いすることが大事です。
これは人間社会でも、みなさん当たり前にやっていることです。
たこ焼き屋に行って、パスタを注文する人はいませんし、
不動産屋に行って、恋愛相談をする人もいません。

けれど、神社参拝においては、これに似た〝的外《まとはず》れ〟なことをしてしまいがちなのです。なぜかといえば、どの神様が、何を得意とするのか、ちゃんと知ることができる機会が少ないからです。

一般的に、神社の功徳《くどく》といえば、「縁結び」とか「金運アップ」といったものをイメージされる人が多いでしょう。しかし、実際の神様の功徳というのは、「〇〇運」

といったように、単純にカテゴライズできるものではありません。
本来はもっと抽象的で、なかなか一言では言い表せないものなのです。

例えば近年、出雲《いずも》大社は〝縁結び〟の神様だといわれ、恋人がほしい、結婚したいと願う人がたくさん訪れるようになっています。

けれど、この〝縁結び〟というのは、単に恋愛や結婚だけの範囲ではなく、仕事との出会い、モノとの出会い、ほかにもさまざまな縁結びを含んでいます。

しかも、出雲に限らず、あらゆる神様は新しいご縁を通じて、あなたに功徳を与えてくださるもの。ですから、究極的には、すべての神様は〝縁結び〟の神様だということができます。

けれど、そんなことを言い出すと身も蓋《ふた》もありませんし、一般の人に理解されなくなってしまいますから、あえてわかりやすくした、〝縁結び〟とか〝◯◯運アップ〟といった表現だけが世間に広まっているのです。

ただ、それらは最近になって現代人が考えた〝売り文句〟であり、いわば〝キャッチコピー〟のようなもの。ですので、率直にいってしまえば、それらは事実を伝えていない、つまりはウソも含まれているということです。

では、本当の功徳とは一体どういうものなのか？

「仕事運」を例に挙げて説明しましょう。
一言で「仕事で成功する」といっても、さまざまな要因があります。

偉い上司に気に入られたから、出世した。
交渉力の才能が目覚めて、営業成績が伸びた。
すばらしいコンサルタントに出会い、売上が倍増した。
偶然にも自分が夢見ていた仕事に誘われた。

もしくは、収入や業績はたいして変わらなくても、人間関係が良くなったことで、以前はイヤだった職場に行くのが楽しくなった、というのも一つの成功と呼べるかもしれません。

このように、「仕事の成功」というゴールに導くにも、人間関係を改善する、才能を目覚めさせる、人脈を広げる、金回りを良くする、などなど、無数のルートがあります。

神様とは、ご自身が一番得意なルートで、人を開運に導いてくださる存在です。その得意分野の違いが、神様の功徳の違いなのです。

神社で開運するために、第一に大切なのは「何に困っていて、どこを助けてほしいのか」を、自分なりにハッキリさせておくこと。第二に、その問題を解決するのが得意な神様にお願いすること、です。

例えば、「いい恋愛がしたい」という願いにも、
そもそも出会いがないから、出会うキッカケがほしいとか、
出会いはあるけれど仲が深まらないから、人付き合いが上手くなりたいとか、

いつもダメな相手ばかり選んでしまうから、選ぶ目がほしいとか、状況によって、頼るべき神様は変わってくるということです。

ですから、神社参拝で願いをかなえるためには、神様の得意分野をちゃんと知ることが大事なのです。ただ、そうは言っても、日本は八百万《やおよろず》の神の国ですから、一柱《ひとはしら》ずつ解説していたら、何千ページあっても足りません。

そこで本書では、神様の性格を〝十二の方向性〟に分類して、それぞれを代表する神様の性格・働きについて解説することにしました（「12の神様のはたらきがわかるチャート」〈一六九ページ参照〉）。

これは、占いの考え方に少し似ています。

占いを知るメリットの一つは、〝人間理解〟が進むことです。

「もっと人の心を理解したい」と思っても、なんらかのモノサシがなければ、なかなか理解が進みません。

ざっくりと分類することによって、全体像を理解することができるのです。

例えば、「男」と「女」というのも一つの分類ですし、「インドア派orアウトドア派」とか、「社交的or内向的」とか、「大雑把or几帳面」といったように、いろんなモノサシを使うことで、「あぁ、この人はこういうタイプなんだ」と理解できます。「アウトドア派で、社交的で、几帳面な男性」といったら、なんとなくイメージできるでしょう。


占いもいわば統計学のようなもので、優れたモノサシの一つになります。

よく知られているものでいえば、「星座」や「干支《えと》」も十二分類のモノサシです。

私の使う六竜法《ろくりゅうほう》という占術では、大きく六分類しますし、そこからさらに細かく六十分類する見方もあります。

より細かく分類したほうが、緻密《ちみつ》に性格や運の流れを把握できます。

ただし、細かく見れば見るほど、全体像を理解するのは難しくなります。

よって本書では、神様の全体像を知ることができて、かつ、あなたの願いに合わせた神様を「ここだ！」とピンポイントで選ぶことができるように、ちょうどいい「十二方向」に分類して神様の性格を解説しています。

「十二」という数は、全体像をイメージしやすい数字なのです。

昔の日本人が、方角を「十二」の干支で言い表していたのも、時計の針が「十二」で一周するのも、その一つの表れです。

ちなみに〝全体像〟を知ると、大きなメリットがあります。

神様の空気に対する感度が、高まるのです。

なぜかというと、頭の中に時計盤のような〝座標（基準）〟がイメージできるようになるからです。

すると、今の自分には、どんな神様の助けが必要なのかも、感じ取れるようになります。

それだけでなく、まったく初めて参拝する神社でも、

「この神様の働きは、だいたいこちらの方向性だな」
と、わかるようになるのです。

そのようにして、神社の空気から神様の性格やお気持ちを察してお参りすると、神様も「よく来た、よく来た！」と温かく迎えてくださり、大いに味方になってくださるものなのです。

なお、ここでご紹介する十二の神様の中には、「摩利支尊天《まりしそんてん》」や「観世音菩薩《かんぜおんぼさつ》」など、仏教の神様も含まれています。

「神社の本なのに、仏様じゃん！」「神道と仏教って別でしょ!?」と思わずツッコミたくなる人もいるかもしれませんが、これにも理由があります。

日本人の信仰はもともと自然崇拝に始まり、あらゆるものに神様が宿ると考えられていました。そこに仏教が伝来したとき、仏様もまた、日本古来の神様の一柱として迎えられたのです。

それ以来、カミもホトケも同居するという、世にも珍しく、またなんとも日本人らしいおおらかな信仰の形が生まれ、奈良時代からずっと続いてきたという歴史があります。

人の世は、神の世の〝映し鏡〟のようなものですから、そういった現実があるということは、神霊界でも、神様と仏様が入り交じっておられることを意味するのです（もちろん、区別や役割の違いはありますが）。

そして、十二の方向に分類したときに、ある方向の功徳にピッタリくるのが、その仏教の神様だったので、分類の中に入れさせていただきました。

このあとに続く第四章の十二の神様の解説と、巻末の護符（二七一～二九四ページ参照）から、その空気の違いを感じてみてください。

そして願わくば、それぞれの神様が祀《まつ》られている神社に実際に足を運んでいただき、身をもって空気を体感していただきたいのです。

そうすれば、きっと本書でお伝えした十二の方向性の意味を、深くご理解いただけるはず。

また同時に、全方位の神様を味方にするわけですから、この先の人生でどんなカベがあらわれようとも、それを越えて自由に進んでいける、無敵のコンパスを手に入れるようなものなのです。

ぜひ、体得していただきたいと思います。

第四章

12の神様の性格を知り、自分とご縁の深い神様に出会う

あなたに合う神様を選ぶために

これからご紹介する十二柱の神様の中から、まず一柱《ひとはしら》の神様を選んで、その神様の感覚を知り、祈りを向けることから始めてみてください。
選び方は、今のあなたの願いに合わせて、最も必要としている働きの神様を選びましょう。

とはいえ、「自分の願いがハッキリしてない」「どの神様がベストなのか、わからない」という人もいると思います。

考えてわからない場合は、直感的にピンときた神様を選んでください。

ペラペラとページをめくって、護符を眺めながら空気を感じてみる。

すると必ず、そのときの自分にスッとなじむ空気があるはずです。

実際に神社参拝するときも、「今日は神社に行きたい！」とか「なんとなく、呼ば

12の神様のはたらきがわかるチャート

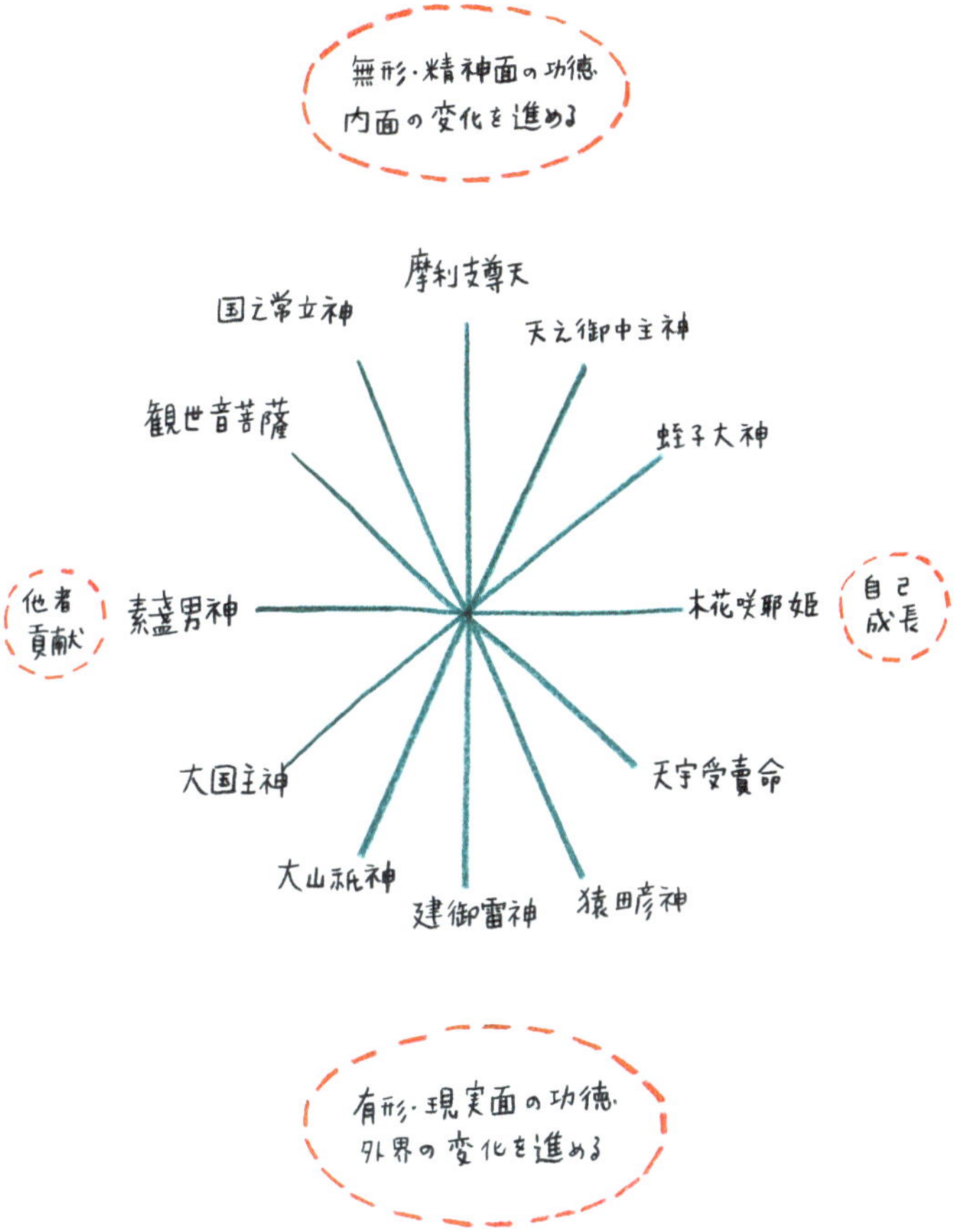

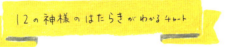

れている気がする」といった、ちょっとした直感が大事です。

同じように、自分の直感を信じて、選んでいただけたら大丈夫です。

その日によって変えても構いません。

人生は直感が大事です。

「誰と付き合うか？」

「どこにいくか？」

「何を買うか？」

「いつするか？」

人生は選択の連続です。理由があって選んでいるように見える人でも、最終的な決め手は直感だったりするものです。

そして「今の自分に合った神社を選ぶ」ということもまた、直感力を鍛えることに繋がります。

神社ノートで開運する四ステップ

1. 今のあなたが必要としている功徳《くどく》に応じて、お祈りする神様を選ぶ。
その神様の性格を読み、護符で空気感を味わう。
その神様の性格になったつもりで、日常を生きてみる。

2. 神社ノートに願いを書く。最低三日間、できれば二十一日間連続で行う（書き方は次ページを参照）。

3. 実際にその神様がいらっしゃる神社にお参りする（参拝が難しい場合は、神社ノートを書き続けるだけでも構いません）。

4. 参拝後、起こったことをまた神社ノートに書き、神様に報告する。

神社ノートの書き方

神社ノートは儀式化することで、その効力が増します。

儀式化とは、手順・ルールを決めて、守り続けることです（できなかった場合も、効果がなくなるわけではありません）。

本書の巻末にある「神社ノート」を使用して、二十一日間を通し、願望実現にむけて神様へメッセージを送りましょう。


【神社ノートを書くための準備】


ノートを書く前に空間を浄化しましょう。机の上には一切ものが置いていない状態で行います。

書き方は一七六〜一七九ページの例を参考にしながら、次のとおりにおこなっていきましょう。

【神社ノートの書き方手順】

①このあと一八〇～二五七ページで解説する十二の神様の中から、自分のゴール設定（目標とする未来像の自分の姿）と近い神様を選びます。

そしてあなたの選んだ神様の護符（二七一～二九四ページ参照）を切り取り、清潔に整えられた机の上にノートと護符をおいて、結界を作ります。

これで、神様とあなたの通《かよ》い路《じ》ができました。

②次に神社ノートの前で二礼二拍手します。

天津祝詞《あまつのりと》（二二六ページ参照）を唱えたら、

「神様、今から神社ノートを書かせていただきます」

と唱えます。これにより、神社ノートが発動します。

③ノートの一行目にお祈りを向ける神様の名前を書きます。

④二行目から、どこに住んでいるかや、名前など、自己紹介をしていきます。

⑤自分の人生の目的（ゴール）を書きます。漠然としていても構いませんので、そ

のとき、感じたままに書いてみてください。

もし言葉が見つからない場合は、次の言葉を書きましょう。

「私は世のため人のために生き、神様に与えられた天命《てんめい》を全うします」

⑥自分がどうしていきたいかなど、具体的な願いを書きます。

未来の自分をイメージしながら、二十一日間続けて行いましょう。

⑦最後は感謝を込めつつ、「結果はすべて神様にお預けします」という気持ちで、「(神様の名前)様、ありがとうございます。惟神霊幸倍坐世《かむながらたまちはえませ》」という言葉で締めくくります。また「ただただ人の幸せを願う祈り」(一一二ページ参照)を合わせて書いてもよいでしょう。

【神社ノートを書くときのポイント】

神様にメッセージを送るように、続けて書いていくことが大切です。

また、願いは自分自身の成長に合わせてレベルアップさせていくこと。書いたとおりにならなかったとしても、それは今の自分に必要な、神様からのメッセージだと捉えるようにしましょう。

そして、ノートに書いたことは他言無用です。

神社ノートは次のＵＲＬからもダウンロードが可能です。

◆購読者特典　神社ノートＵＲＬ（https://zinja-omairi.com/note/present.php）

※一八〇ページ以降でご紹介する神社に関して、一般に公表されている御祭神とは異なる場合がございます。

■基本の書き方

③神様の名前を書く

蛭子大神様、守り給い、幸え給え。

④自己紹介をする

私は大阪府枚方市楠葉に住んでいる、山田花子と申します。
現在27歳で、一人暮らしをしています。

⑤人生の目的（ゴール）を書く

私は世のため人のために生き、神様に与えられた天命を全うします。

一年半前、大好きだった彼と別れました。でも心残りは一切なく、完全に吹っ切れていて、今では良い思い出になっています。その人と別れたことがきっかけとなり、縁あって、素晴らしい会社に就職することができました。

先日、同じ職場にいる女性と話をしていたとき、「旦那は初めて心から信用できると思った男性だった」と言っているのを聞いて、私もそういう人と出会いたいなと思うようになりました。どうしてかというと、これまで好きになった人はいましたが、本当に心を開いて付き合える人がいなかったからです。どうしてかはわからないのですが、好意を寄せられれば寄せられるほど、いつも、自ら関係を壊してしまう行動に出てしまうのです。

この性格は直したいと思っています。


どうか、ご縁のある人に愛されて、幸せなオーラをまとって、周りの人に幸せを広げていくような愛される人に成長させて下さい。

そのために、心から尊敬できて、一緒にいると安心感に包まれるようなパートナーとめぐり合わせて下さい。

⑥具体的な願いを書く

10年後は、そういう人と家庭を築いて心に余裕が生まれて、より豊かに生活している自分がいます。自分自身が社会の中でキャリアアップしていくことには、あまり興味がありません。

それよりも、慕っている男性が外で活躍できるよう支えられる人になりたいと思っています。


だからどうか、蛭子大神様、良い人とめぐり合わせて下さい。

巡り合わせはすべて神様にお任せ致します。

⑦締めの言葉を書く

蛭子大神様、ありがとうございます。かむながらたまちはえませ。

■神様へのお願いのしかた（神様への報告をしながら願いをレベルアップさせていく）

2018年2月15日

③神様の名前を書く

蛭子大神様。Aさんから、食事に誘われました。
以前の私だったら、反射的に断っていたはずなのですが、
今日は素直に受け入れることができました。
参拝してから、少しずつ人と深い関係を築けるようになってきている
気がします。ありがとうございます。
自分にとっても、Aさんにとっても、良い一日になりますように。

⑦「ただただ人の幸せを願う祈り」と締めの言葉

Aさんの霊も、魂も、魄も、明るく、軽く、温かく、熱く、
元気になって頂きますように。
かむながらたまちはえませ。

2018年4月25日

③神様の名前を書く

蛭子大神様。パートナーができました。Aさんです。
彼は、私にとって"この人は本当に信用できる"と思えた、
初めての男性です。一緒にいるととても落ち着くし、心から
尊敬しています。

願いをレベルアップさせていく

これから先、良いことも、そうでないことも、いろいろあると思います。
でも、同じ方向を向いて、人からも神様からも応援されるような
生き方をしていきます。
私たちがより成長できるように、これからも見守っていて下さい。
よろしくお願い致します。

©GYRO PHOTOGRAPHY/SEBUN PHOTO/amanaimages

摩利支尊天

（マリシソンテン）

《功徳》 勝負に勝つ、行動力、直感力を高める

◆こんな人におすすめ

・勝負ごとに強くなりたい
・直感力、判断力を高めたい
・問題を切り抜ける知恵がほしい
・感情に左右されないようになりたい
・スポーツ、試験などで結果を出したい

祀られている神社

湊川神社：兵庫県神戸市

天才的な閃きで人生の勝負に打ち勝つ人になる

人生は心理戦です。

受験、就職、仕事、恋愛、スポーツ……。

さまざまな局面で勝負しなければならないときがあります。

勝負ごとのみならず、仕事で認められるかどうか、夫婦仲が深まるかどうか、好きな人と仲良くなれるかどうか、すべて心の状態で結果が決まります。

人生のあらゆる場面で、本当の勝利を得るために欠かせない働きが、摩利支尊天《まりしそんてん》。

心理戦を制することができれば、あなたの人生のあらゆる問題も、解決に向かいます。

摩利支尊天は、陽炎《かげろう》を神格化した仏教の神だといわれています。

ゆらゆらとして実体のない陽炎のように、捉えどころがなく、誰も触れることができないことから、軍神として、名だたる戦国武将たちにあつく信仰されてきました。

摩利支尊天に守護されていた武将は、徳川家康《とくがわいえやす》や楠木正成《くすのきまさしげ》をはじめ、毛利元就《もうりもとなり》、上杉謙信《うえすぎけんしん》、前田利家《まえだとしいえ》など、いずれも無類の強さを誇り、恐れられた武将ばかり。

なぜ、それほどまでに強かったのか？

それは**「神なる直感に導かれていたから」**です。

当時の武将たちは、主に中国から渡ってきた兵法書で必勝法を学んでいました。

しかし、一流の軍師はみな同じような書物で学んでいたものですから、結局は、相手の作戦もある程度、読めてしまうことになります。つまり、いかに相手の裏をかくか、が勝敗を分けたということです。無敗で恐れられた武将は、何を考えているのか、まったく相手にさとられないから負けなかったのです。

では、なぜ考えていることが読まれなかったのか？

それは、**〝神なる閃《ひらめ》き〟**を得ていたからです。実は無敗の武将たちは、神仏を信仰し、そこから降りてくる瞬間瞬間の〝直感〟によって戦に勝利していたのです。〝直感〟が、百発百中で勝利に繋がっていたのは、それが単に頭で考えて生まれたものではなく、天から降りてきたものだったからなのです。


心理学の世界に、「フロー」と「ゾーン」という言葉があります。

この考え方が、摩利支尊天の働きを説明するのに、もってこいなのです。


「フロー」とは、「流れに乗っている」という意味。抜群の集中力が発揮されて、一心不乱に目の前のことに打ち込んでいる状態をいいます。

例えば、

「試合の後半からいい流れがきて、負ける気がしなかった」

「気がついたら三時間も勉強していた」

「今日は何をしてもタイミングが良くて、やること成すこと上手くいった」

といったような、〝流れがきている！〟という状態。きっと、多くの人が一度はこのような「フロー体験」をしたことがあるでしょう。

逆に「ノンフロー」とは、「今日はツイていない……」「何をやってもミスばかり」「誤解ばかりされる」といった、流れが悪い状態のことです。

そして「フロー」が極まった状態のことを「ゾーン」といいます。

近年「ゾーン」に注目が集まっており応用スポーツ心理学の面ではゾーンに入った選手は、常識では考えられないようなパフォーマンスを発揮するといわれています。

例えば、

「(野球やテニスで) 時速一五〇キロメートルのボールが止まって見えた」

「(バスケやサッカーで) 上空から全面を見渡している感覚だった」

「(監督が) 采配がズバズバと的中。やること成すこと、すべてが上手くいった」

といったように。

もし、このような感覚で指揮をとった戦国武将がいたら、百戦百勝の奇跡が起こっても不思議ではないでしょう。

かつての名武将は、摩利支尊天からその感覚を得ていたのです。

摩利支尊天の功徳《くどく》とは、まさに人をフローに導いてくださることなのです。

そして、フローがずっと続くと、いつかゾーンに入る瞬間が不意に訪れます。

誰も想像し得ないような、見事な直感、アイデアが降りてくるのです。

ただし、その功徳にあずかるには、自分自身の努力も欠かせません。

フローを保つには、徹底的に「ノンフローになる原因」をなくすことです。

人はノンフローになると、不機嫌になり、焦ったり、不安になったり、イライラしたり、頭でごちゃごちゃ考えてしまって、行動できなくなります。その状態では、どんな勝負にも勝てないし、人間関係も上手くいくはずがありません。

ノンフローになる最大の原因は「意味づけ・理由探し」をしてしまうこと。

例えば、雨が降ったら「今日はイヤだな……」と思ったり、仕事でミスをしたら「どうして私って、こんなにダメなの?」と落ち込んだり、大事なモノをなくしたら「なんでなくなったの!?」とイライラしたり。

そこで感情が揺さぶられる背景には、「仕事でミスをした・大事なモノがなくなった→不《ふ》幸《しあわ》せなこと」という意味づけ（固定観念）があります。

けれど、本当にその意味づけは正しいものでしょうか？

ミスや失敗が一〇〇パーセント悪いとは限りません。

小さなミスから学んだことで、より大きなミスを防ぐことができるし、逆に大きな成功に結びつくことだってあります。モノをなくしたことで、より良いものに出会えることもあれば、それをたまたま拾ってくれた人と運命の出会いがあるかもしれません。

物事は常に多面的です。

一つのできごとが、どんな未来に繋がるかわからないのです。

ノンフローになるときには、必ずといっていいほど、自分で自分を不幸にするような意味づけをしてしまっているのです。

さらに人は、不幸せの理由探しをしてしまいます。

「どうして私って、こんなにダメなの？」「なんでなくしちゃったんだろう……」と。

そこに明確な答えなど、もとから存在しません。

探そうと思えば、一〇〇個でも、一〇〇〇個でも、無限にネガティブな理由を探すことができるのです。だから不幸せな理由探しをしたら、まるで、底の抜けたプールに水を注ぎ続けるように、エネルギーが無限に浪費されてしまいます。
するど、ますますノンフローになるのです。

もし、「どうして？」「なぜ？」と、ネガティブな理由探しが始まってしまいそうなときは、思考を逆転させるのがフローに戻るコツです。
つまり、「どうして私って、こんなに幸せなんだろう？」「どうして、運がいいんだろう？」と、ポジティブな問いかけをするのです。

ノンフローになる原因を知り、それを消していく。
すると摩利支尊天の功徳により、三六五日、二十四時間、ずっとフローが保てるようになっていきます。

するとほどなくして、今までにないような閃き、人を幸せにする世界を変えるような直感が、天から降りてくるのです。

©JUNKO KUBOTA/a.collectionRF/amanaimages

天之御中主神

（アメノミナカヌシノカミ）

《功徳》 閃《ひらめ》き、悟り、創造力を高める

◆こんな人におすすめ

・大きな選択に迫られたとき
・自分に合うパートナーを見つけたい
・新しい恋愛や結婚生活を始めたいとき
・新しい仕事、ビジネスに取り組むとき
・学業でいい成績をおさめたい

祀られている神社

箱根神社：神奈川県足柄下郡

迷いをたちきり新しい未来を創り出す改革者になる

「天地初めてひらけしとき、高天原《たかあまはら》に成れる神の名は、天之御中主神《あめのみなかぬしのかみ》」

これが『古事記』の冒頭です。宇宙が始まったとき、最初に現れた神様が天之御中主神。

天文現象でいえばビッグバンにあたります。

最初に生まれたので、最高位の神様だという説もありますが、最高位というよりも、〝始まり〟を創る働きの神様なのです。

人生においても、何かが〝生まれる〟瞬間には、その背後に天之御中主神がいらっしゃいます。星々が生まれる瞬間、人の身体に魂がお鎮《しず》まりになる瞬間。

それだけではありません。

例えば、誰もが一度は経験したことがあるような、

「ずっと解けなかった問題がやっと解けた！」とか、
「あの人が教えてくれたことの意味が、やっとわかった！」とか、
「あ、今繋がった！」という瞬間、心の中でビッグバンが起きて、新しい宇宙が創造されているのです。

そういう瞬間の、ピタッとくる感覚、ちょうどいい感覚、スカッと迷いの晴れる感覚を与えてくれるのが、天之御中主神です。

そういう感覚が、もともとあなたの中に眠っているということは、天之御中主神はあなたの中にもいらっしゃるということなのです。

人生の大きな選択をするときに、その感覚を呼び醒ますことができれば、必ずいい未来に繋がることができます。

新しい仕事、新しい恋、新しい出会い、新たな買い物、結婚生活……。

何事も、はじめ良ければ終わり良し。

誰だって、そういった大事な局面で、迷いなく、ピタッとくる答えを選びたいでしょう。だから、そういうときにこそ、天之御中主神に祈るといいのです。

天之御中主神は、身体のどこにお鎮まりになるか？
それは〝お腹〟であり〝臍下丹田《せいかたんでん》〟と呼ばれるところです。

天之御中主神を呼び醒《さ》ますポイントは、力《りき》まない、考えない。
そして、感じることです。
感じるコツは、肩の力をスッと抜くこと。
手のひらはパーにして、頭ではなくお腹で感じるようなイメージです。

人が判断を間違えてしまうときは、たいてい〝腹〟が据わっていません。
逆に、頭に血がのぼって、頭で考えているのです。
ですので、そうなってしまう原因を、なくしていくことが重要です。

まず一つは、足元を冷やさないこと。
熱は上に上がる自然の法則がありますから、人の身体は放っておくと足が冷えて、頭に熱が溜まります。するとイライラしたり、判断力が落ちたりしてしまうのです。

足元を温めると、温まった血液は上に流れます。すると、上半身と下半身でグルグルと循環が起こって、頭はクールで、足元はホットな状態が生まれます。身体の気のめぐりも良くなり、神様の宿りやすい身体になるのです。

そしてもう一つ大切なのは、焦らないことです。

「焦り」の言霊は「天（あ）施（せ）離（り）」。焦れば焦るほど、天からの施し《ほどこ》（功徳《くどく》）から離れてしまうということを意味します。

焦らないコツは、〝仕切り直し〟です。

例えば、朝寝坊から一日が始まると、ずっと焦った状態のまま一日が過ぎていきます。それが、判断のミスに繋がり、また焦って……と、焦りの悪循環が起きてしまいます。

だから、仕事中でも、試験中でも、料理中でも、会話の最中でも、心に〝焦り〟を感じたら、その場でパッと手を止めて、考えることをやめて、〝仕切り直し〟をするのです。「はい、ここからが新しい始まり」と自分の心の中で宣言して、優しくお腹を撫でながら、ゆっくりと御神名を唱えます。

「アー、メー、ノー、ミー、ナー、カー、ヌー、シー、ノー、カー、ミー」

まるで自分の中の神様を呼び醒ます呪文のように、言い聞かせて祈るのです。

すると、頭に集まったエネルギーが腹に降りて、静けさと温かさと安らぎが戻ってきます。


焦らず、エネルギーが循環していると、やがてすべての知識や経験が〝繋がる〟瞬間がやってきます。その瞬間は、小さな星・小さな宇宙の創造であり、天之御中主神の発露といえるのです。

写真：奴賀義治／アフロ

蛭子大神
（ヒルコオオカミ）

《功徳》 愛される人になる

◆こんな人におすすめ

・恋人、パートナーに愛されたい
・人気者になりたい
・お客さんをファンにしたい
・さみしいを卒業したい
・愛溢れる家庭を築きたい

祀られている神社
西宮神社：兵庫県西宮市

愛されオーラを放つ
誰からも好かれる人気者になる

『古事記』の神話によれば、もともと蛭子大神《ひるこおおかみ》は、日本列島の生みの親である伊邪那《いざな》岐《ぎ》、伊邪那美《いざなみ》の両神《ふたかみ》から生まれたはじめの子でした。けれど未熟児として生まれたことを理由に、葦舟《あしふね》に乗せられ、海に流されてしまうのです。

その後、蛭子は海を渡ります。そして、摂津国西の浦、現在の兵庫県西宮に辿り着きました。それを見つけた地元の人々が「夷三郎《えびすさぶろう》」と呼んで大事に育て、神様として祀《まつ》られるようになったのが「えびす総本宮・西宮神社」の由来です。そして「えびす大神」と呼ばれるようになり、七福神の中でも大黒様と並ぶ有名な福の神として知られるようになりました。

蛭子は赤子のときに、十分に両親から愛されなかったのです。しかし、大きくなってから、みんなに愛される神になりました。実はこの物語こそが、蛭子大神の功徳《くどく》を表しているのです。

愛される人になるための最大の障害となるのは、幼少期に刷り込まれたネガティブな記憶です。だいたい生まれてから二〜三歳までに、十分に親から愛されなかった、抱かれなかったという記憶は、肌感覚として大人になってもずっと残り、人生に多大なる影響をおよぼしているのです。

その代表例が、「私は愛されていない」「どうせ私なんて、誰も大事にしてくれない」という思い込みです。幼少期に満たされなかった記憶が欠乏意識となって、過剰に〝さみしさ〟を感じてしまうのです。

すると、もっと私のことを構って、もっと理解して、もっとわかって、もっと尊重して、とまわりに求めてしまうので、相手から愛やエネルギーを〝奪う存在〟になってしまいます。だから、煙たがられてしまったり、なかなか深い関係を築けなかったりするのです。さらに厄介なことに、せっかく愛してくれる人が現れたとしても、その愛を素直に受けとめることができず、愛されれば愛されるほど、反発したり、疑ったり、怖くなったりして、自分から関係を壊しにいってしまうのです。

これは、恋人や、夫婦間だけで起こることではありません。友人同士でも、家庭でも職場でも、人間関係のトラブルの大半は、「私は理解してもらえない」「大切にされていない」といった思い込みが引き金になっています。そこからネガティブな感情が生まれ、深いコミュニケーションを避けるようになってしまったりするのです。極端な場合は、「私は愛されてはいけない存在なんだ」「生まれてこなければ良かった」というくらい、ネガティブな考えに落ちてしまうことも。

まさか大人になっても、目の前の人間関係の悩みが、二〜三歳の頃の記憶にあるなんて、なかなか信じがたいのですが、ほぼすべての人が、幼少期の刷り込みの影響を残しているのです。

そういった根底にある〝さみしさ、情けなさ、不甲斐なさ〟を消して、あなたを「みんなから愛される人」へと導いてくれるのが、蛭子大神の功徳なのです。

その功徳を授かる秘訣は、まずはあなた自身が、愛を受信する〝アンテナの感度〟を高めることです。

もしあなたの潜在意識《せんざいいしき》が「私は愛されてこなかった」と思い込んでいたとしても、必ずあなたは、たくさんの人に愛されてきているのです。

お腹を痛めて、やっとの思いであなたが無事に生まれたとき、お母さんはどれほど喜んだでしょう。お母さんも、親戚の人たちも、生まれたてのあなたを、「かわいい、かわいい」と抱っこしたでしょう。両親がケンカばかりだったとしても、それでも、すやすやと眠る赤子のあなたを見たら、心から愛おしかったのです。

弱くて、自分では何もできない赤ちゃんは、かわいがられなければ、生きていくことすらできません。あなたが今、生きていることは、たくさんの愛をもらったという、何よりの証拠なのです。

それだけではありません。

お母さんのお腹に宿ったときに、もう十分すぎるほど神々に愛されているから、生まれてきたのです。親が子を抱っこする意味は、その愛を、皮膚感覚として残すためなのです。

もし愛されている実感が足りなければ、両腕をクロスして、自分の両肩を抱くようにして、皮膚を撫《な》で、自分で自分を抱きしめてみる。

そして、「私は愛されています」と、自分で自分に教えてあげるのです。

それだけでも、愛の感度は高まります。


仕事でも家庭でも、一所懸命に「与えよう」という気持ちで人と関わっていくほど、あなたを助け、応援し、引き立ててくれる人に出会えます。そのたびに、「支えられているんだ」「一人じゃない」と実感することでしょう。


そして、日常の中で愛との接点を増やすことです。

愛の供給源は、一つではありません。

損得勘定や自己満足でなく、ただ純粋に誰かの幸せのために生み出された食材、料理、家具、音楽、本、芸術……、それらに触れる機会を大切にするのです。

例えば、お茶碗一杯のご飯を食べるにしても、そこには丹精込めてお米を育てた人、炊いてくれた人の愛が入っています。めぐりめぐって、私たちはたくさんの愛をいただいているのです。

もうすでに、わたしはたくさんの愛に満たされている。

そのことを悟ると、まるで赤ちゃんのように、愛される人になっていきます。
いつも話題の中心にいて、誰からもかわいがられるようになります。

その悟りを促してくれるのが、蛭子大神なのです。

©MASAMI GOTO/SEBUN PHOTO/amanaimages

木花咲耶姫
（コノハナサクヤヒメ）

《功徳》 表現力を身につける

◆こんな人におすすめ

・自分の気持ちを上手に伝えたい
・表現力、文章力、語学力を高めたい
・話す仕事で活躍したい
・人とわかり合えるようになりたい
・内面から美しくなりたい

祀られている神社

富士山本宮浅間大社：静岡県富士宮市
浅間神社：山梨県笛吹市

コミュニケーションを駆使して人間関係の潤滑油になる

富士山と桜。それを象徴する女神が木花咲耶姫《このはなさくやひめ》。富士山の頂上から桜の花びらを蒔き、日本中に桜の木を広めたという伝説があります。

華やかなイメージの神様、木花咲耶姫から得られる功徳《くとく》は「表現力」。

自分の思っていることが、上手く相手に伝わらなくて、苦しんだ経験はないでしょうか。おそらく、「そんな経験は一度もない」という人はいないでしょう。自分の伝えたいことが上手く伝えられたら、ありとあらゆる人間関係の悩みが解決します。ということは、恋愛、仕事、子育て、教育など、人生のあらゆる物事が思いどおりに進むようになるということです。

では、どうすれば表現力は磨かれるのでしょうか？

その道は、人と人とのコミュニケーションにおいて、「一〇〇パーセント正確に伝わることは絶対にあり得ない」ということを理解することから始まります。言葉のみならず、すべてのコミュニケーションは、受けとった人の解釈によって、意味づけされます。

例えば、異性にジッと見つめられたとしましょう。

そのとき、ある人は「きっと、私のことが気になっているんだ」と解釈する。

ところが、また別の人は「あんなに睨《にら》まれるなんて、何かいけないことしたかな……」と解釈する。

では、その〝解釈〟という得体の知れないフィルターは、どこから生まれたのか？

それは、その人が持って生まれた性格と、今現在にいたるまでに、頭の中を駆けめぐった思考、印象、感情、気持ちのすべてが作り出したものです。もはやそれを分析することは、人知を超えているどころか、神様にもできません。

あなたがいかに言葉巧みに表現したとしても、それが相手に「どんなフィルターで解釈されるか」は、蓋《ふた》を開けてみなければわからないということなのです。「愛してる」という言葉すら、相手のフィルターと、シチュエーションによってはネガティブに伝わることだってあるのです。

つまり、すべてのコミュニケーションには、「良い誤解」か「悪い誤解」しかないということ。

では、良い誤解が生まれるときと、悪い誤解が生まれるときの、違いは何か？

それは、〝言葉以前〟の世界で決まります。

木花咲耶姫には姉神がいらっしゃいます。それが磐長姫《いわながひめ》。岩の神様です。

美しい木花咲耶姫に対して、磐長姫は醜い女神だとされています。

実は、木花咲耶姫の功徳は、磐長姫とセットになって初めて発揮されるという秘密があるのです。磐長姫の御神名《ごしんめい》には、「言わず、長く、秘める」という意味があります。

つまり磐長姫は、「言わないこと」によって功徳が発揮されるということなのです。

良い誤解をされるには、表現すべきことと、表現せずに秘めておくべきこと、その両方を見極めることです。

思ったことを何でも言葉にしてしまう人は、誰からも誤解されるし、信頼されません。だからといって、黙っていても、伝えたいことが伝わらないし、愛されない。どちらに偏っても、言葉を使いこなせていないことになります。

言葉を使いこなすということは、言葉の限界を知ることです。

言葉で伝えられることには限界があると知っているから、丁寧に言葉を尽くす。

相手の目を見て、気持ちを感じて、相手に合わせた言葉を選ぶ。

一方的に話すのではなくて、話しながら相手の声なき声を聞く。

相手の声を聞きながら心の中で相手に語りかける。

そのとき、木花咲耶姫が神がかりやすくなるのです。

逆に、磐長姫が神がかるのは、あえて言葉にせず、言葉に頼らない表現をしたとき。

例えば沈黙することで、相手に何かが伝わるとしたら、その沈黙すらも一つの表現になります。本当に大切なことを伝えたいときは、言葉を安売りしないほうが、相手の奥深くまで届くもの。そういった表現ができるのは、言葉の限界を知っているからです。

最終的に、表現の極致とは、あなたが生きているうちに、やること成すこと、頭の中で考えること、心の中で思うこと、すべてが〝表現の一部〟なのだと気づくことです。

言葉になる以前から、あなたの思惑《おもわく》、あなたの欲望、あなたの恐怖、あなたの勇気、あなたの祈り、あなたの愛は、確実に相手に伝わっているからです。

そのことに気づいたら、誰かの言葉に傷つくことも、言いたいことが伝わらないと嘆くこともなくなります。良くも悪くも、すべての誤解は、言葉になる以前のあなたの心の状態が影響しているからです。

あなたをとりまくコミュニケーションのすべてを、良い誤解に導いてくれるのが、木花咲耶姫であり、磐長姫の功徳。

その功徳を授かる秘訣は、「言葉を信じず、言葉を尽くすこと」なのです。

写真：アサイミカ／アフロ

天宇受賣命
（アメノウズメノミコト）

《功徳》 人を動かす、人の心を開く

こんな人におすすめ

・夫婦円満、家庭円満
・本音を言えるようになりたい
・自分のやりたいことを見つけたい
・人を動かせるようになりたい
・恋人、パートナーとわかり合いたい

祀られている神社

椿大神社：三重県鈴鹿市
鈿女神社：長野県北安曇郡
戸隠神社：長野県長野市

相手の懐に飛び込み人の心を動かす大胆不敵な人になる

天宇受賣命《あめのうずめのみこと》は、『古事記』の「岩戸隠れ」の神話に登場する女神です。建速須佐之男命《たけはやすさのおのみこと》の目に余る乱暴狼藉《らんぼうろうぜき》を悲しみ、天照大神《あまてらすおおみかみ》が岩戸にお隠れになったとき、世界は闇に包まれました。そんな中、胸を露わにして情熱的に踊り、まわりの神々を感化して、辺り一面をお祭りムードに一変させたのが天宇受賣命です。天照大神はその楽しげな様子が気になり、岩戸の外をのぞいたのをキッカケにほかの神々に連れ出され、再び元気を取り戻したのです。

このように、神々の前で踊り楽しませたという神話から、天宇受賣命は踊りや芸能の神様として信仰されていますが、**真の功徳《くどく》は「人を感化する、相手の心を開く」ということです。**

そんな天宇受賣命に守られるのは、誰かを幸せにするために喜んで〝FAKE IT《フェイクイット》！（なりきる・演じること）〟ができる人。

本当だったら泣きたいような状況でも、人のために明るく笑える人。

たとえ自分の調子が悪くても、健気にがんばれる人。

きつい局面に立たされていても、まわりに気配りができる人です。

この〝FAKE IT！〟は、単なる自己犠牲とは違います。

自己犠牲に、愛はありません。

例えば、自分の人生を犠牲にして、親の面倒をみている人がいたとしましょう。

もし、それが「親の面倒は子どもが看るのが常識だから」とか、「私しかいないから」といった義務感からきているとしたら……。口では「私さえ我慢すれば、それでいい」「親のことは、私がなんとかするから」と言っていても、空気は本音を物語りますから、そこには必ず〝重さ、暗さ、冷たさ〟がつきまとうのです。

そうやって悲劇のヒロインを演じる裏側には、「あなたのせいで、私はこんなに不幸なんだ！」という恨《うら》みが潜んでいます。

恨みがあると、復讐の人生が始まってしまいます。自分ではそんなつもりはなくても、自分の不幸に、まわりの人たちを巻き込んでいってしまうのです。


人生が自己犠牲的になる人の特徴は、自分の幸せと、相手の幸せが、大きく分離していることです。だから、自分も相手も、みんな一緒に幸せになろう、という考え方になれず、自分と他人を常に比較してしまうのです。

そして、他人の幸せを、素直に祝福できない。

こういった考え方に洗脳されているせいで、恋人や夫婦同士、兄弟、親子、会社の同僚、チームメイトといった、本来は協力すべき人たちの間で、世間にありがちな〝足の引っ張り合い〟が起こってしまうのです。

状況に合わせて喜んで〝FAKE IT！〟ができる人は、自分の幸せは、みんなの幸せに支えられているということに、気づいている人です。

気づいているから、みんなの幸せのために「演じる」ことができるのです。

自分の幸せと、相手の幸せと、世界人類の幸せは、その根底で繋がっています。

例えば、想像してみてください。

もし、学校のクラスで、自分だけスポーツ万能で、成績が良かったとしても、まわりの生徒が全員うつだったら、果たして幸せでしょうか？

ずっとほしかったカバンを買っても、誰もその価値をわかってくれなかったら、本当に幸せでしょうか？

人はたとえ小さな幸せであっても、それを誰かと共有できたときにこそ、晴れやかな、嬉しい気持ちになるものでしょう。

ですから、夫婦や恋人同士で、家族みんなで、会社全体で、地域全体で、世界全体で、究極的には人間と神様の間で、同じ幸せを共有できることがゴールなのです。


そこへいたる第一歩は、ただ純粋に、人の幸せを祈ることです。

胸がじんわり温かくなるくらい、愛念《あいねん》を出し続けるのです。

お祭り騒ぎをして、胸をはだけた天宇受賣命は、惜しみない愛念をみんなに与えました。それは〝自分の想い〟というよりも、「この場を盛り上げたい」「ここにいるみんなが幸せを感じてほしい」という愛念から生まれた、迫真の〝FAKE IT!〟なのです。

その愛念に触れると、相手の心が溶けて、本音が出てきます。

駆け引きでは、相手と本音でお付き合いすることはできません。

恥ずかしさや、小さなプライドを超えて、自分から胸を開くからこそ、相手も胸を開いてくれるものです。

自分のことも、相手のことも、包み込むような愛念を持って生きることこそ、天宇受賣命が神がかる秘訣であり、人を動かし、相手の心を開くカギになるのです。

©FULLTIME CO., LTD/a.collectionRF/amanaimages

猿田彦神（サルタヒコノカミ）

《功徳》進むべき道がわかる、道が拓《ひら》かれる

◆こんな人におすすめ

・自分の適職を見つけたい
・理想のパートナーに出会いたい
・迷っていることの答えがほしい
・進学先、就職先を決めたい
・優柔不断な自分を変えたい

祀られている神社

猿田神社：千葉県銚子市
大麻比古神社：徳島県鳴門市
椿大神社：三重県鈴鹿市

前人未踏の地に先陣きって突き進み、みなを導く開拓者になる

道案内の神、導きの神として信仰されてきた猿田彦神《さるたひこのかみ》は、大きな天狗の姿をしています。進むべき道に迷ったとき、先が見えないとき、新しい一歩を踏み出したいとき、社会的にも精神的にも自立したいとき、ぜひ功徳《くどく》にあやかりたい神様です。

『古事記』の神話では、高天原《たかあまはら》から、天照大神《あまてらすおおみかみ》の孫にあたる瓊瓊杵尊《ににぎのみこと》が降り立ったとき、天之八衢《あめのやちまた》という分かれ道で一行を出迎え、案内したのが猿田彦神でした。

天之八衢という場所は単なる伝説上のものではありません。

人の心の世界（霊界）に実在します。

どういうときに、心がそこへ行くのかといえば、天之八衢の言霊《ことだま》が示すとおり。

「あ〜、やっちまった！」という瞬間です。

そういうときにこそ、目の前に猿田彦神が立っているということなのです。


失敗したあとが、人生の分かれ道です。

大事なのは、そこでへこまない。諦《あきら》めない。後悔しない。一歩前に進む。


そして、逃げないことです。


多くの人は、自分の失敗を真正面から受けとめず、逃げ道を作って生きているがゆえに、大きな成功、成長を逃してしまっているのです。

逃げ道にもいろいろあります。

逃げの対象となりやすい人間関係の代表は〝親〟です。

例えば、親から巣立つタイミングがきているにもかかわらず、親の世話になり続けている人は、たとえ社会的に自立していたとしても、潜在《せんざい》的に依存心や甘えを内包しているので、自分の力で道を拓くことができなくなるのです。

「いざとなったら、親が助けてくれるから」という隠れミノが、自立を阻み、成長を止め、結果的に開運を妨げてしまう。だからそのような場合には、とにかく親元を離れることが成功への第一歩となります。

また親に限らず、上司であれ、友人であれ、恋人であれ、妻であれ、ただひたすらに甘やかしてくれるだけの関係性は危ないのです。

しかし、本当に厄介なのは、外に逃げることではなく、内に逃げること。

すなわち、自分自身の心の中にある〝言い訳〟です。

追い込まれた状況になるたびに、「この失敗は自分のせいじゃなくて、〇〇さんのせいだ！」「今回はたまたま運が悪かっただけで……」「自分はカンケーないし……」と、心の中でさまざまな言い訳を続けている限り、猿田彦神の導きは得られないのです。

何か問題が起きたり、大きな責任を負わされたり、追い詰められたときに言い訳することがクセになると、人は脳みその全能力を〝言い訳作り〟に使うようになります。

最終的には、（潜在意識《せんざいいしき》的に、あえて）失敗してしまう選択や、上手くいかない選択をしてしまう。これを**クリエイティブ・アボイダンス**（創造的回避）といいます。

こうなると、発展的で、創造性に富んだことを考えられなくなってしまいます。せっかくの頭脳を、誰かのためでも、世の中のためでも、ましてや自分の幸せのためでもなく、自らの逃げのために使うのだから、これほど勿体《もったい》ないことはありません。

だから、逆境に立たされたときほど、言い訳していないか？　逃げていないか？と自問自答せねばなりません。

そして、言い訳せずに正面から向き合って、そこから這い上がる。

猿田彦神に熱烈に祈り、一歩でも進もうとしてみる。

するとその導きにより、誰も想像しなかったような大躍進、大成功、大ブレイクが生まれるのです。

猿田彦神の功徳は、言い訳をせず、最高の未来が訪れると信じて、行動・挑戦をしようとした人に進むべき道を示すことです。

そして、その姿勢が常となり、挑戦者であり続ける人は、まるでその人自身が猿田彦神となったかのように、誰かの道標《みちしるべ》となり、希望となって、人生に光を灯すのです。

©MASAHIRO MORIGAKI/a.collectionRF/amanaimages

建御雷神
（タケミカヅチノカミ）

《功徳》 大事な物事を守り続ける

◆こんな人におすすめ

・円満な家庭を守りたい
・ビジネスを軌道に乗せたい
・いい人間関係を続けていきたい
・能力、若さをキープしたい
・強い意志がほしい

祀られている神社

鹿島神宮：茨城県鹿島市

粘り強く意志を貫く不屈の精神で困難に立ち向かう人になる

高天原《たかあまはら》で随一の武神と称すべき神こそ、建御雷神《たけみかづちのかみ》です。

その功徳《くとく》は、〝堅い守り〟を授けること。

〝守り〟とは、〝続けること〟であり、〝変わらない姿勢〟です。

恋愛なら、近づいた二人の距離をずっと守り続ける。

仕事なら、立ち上げたプロジェクトの勢いを守り続ける。

人間関係なら、築いた信頼や立場をずっと守り続ける。

ほかにも、穏やかな家庭を守り続けたい、富を守り続けたい、健康体を維持したい、いい流れを維持したいなど、とにかく、いったん形になったものを堅く守りたいときに建御雷神に祈ると、その強靭なご神力を発揮してくださるのです。

何事も、守り続けてこそ本物です。けれど、はじめは偶然上手くいくことはあっても、守り続けることは一筋縄ではいきません。

三日はやる気が続いても、三ヶ月ずっと続く努力はめったにない。

三ヶ月は熱愛が続いても、三年ずっと続く愛はめったにない。

三年は繁盛が続いても、三十年ずっと愛され続ける名店はめったにない。

ただ自然に任せていたら、時間とともに勢いは衰えて、気持ちは薄れて、情熱は冷めていくのが、浮世《うきよ》の相《さが》だからです。


その悲しい運命を超えて、あなたが守りたい何かを堅固に守ってくれる功徳が建御雷神なのです。


『古事記』の神話において、建御雷神は伊邪那岐命《いざなぎのみこと》が火の神・迦具土神《かぐつちのかみ》の首をはねたときに流れ出た血から生まれた刀の神として誕生します。

建御雷神は神話の中で、常に霊剣とセットで神話に登場します。

それゆえ、「刀の神」としても信仰されており、今も昔も、数多くの剣豪がその霊威を授かろうと、建御雷神の祀《まつ》られる鹿島神宮に参拝されています。

古来、刀は武器ではなく、神の言葉（御神託）を受けるための神器でした。刀といえば、時代劇のように斬り合うシーンを想像する人が多いでしょう。しかし、実際に武士が刀を抜くことは、ほとんどなかったそうです。抜くときは、死をも覚悟した、命賭けの瞬間のみだったのです。

霊験《れいげん》あらたかな名刀ほど〝切るため〟ではなく、大切なものを〝守るため〟に作られました。邪気邪霊を祓う。敵と戦わずして勝つ。困難を切り裂く。悪い流れを断つ。そういった霊力による守護こそ、名刀の名刀たる所以であり、その真の価値といえるのです。

その霊力を発動させるカギとなるのが、人の〝意志〟です。

建御雷神に守られるには、〝意志〟を貫く生き方が求められるのです。

神様に意志を示すには、行動あるのみ。必要な心構えは〝**誠を尽くすこと**〟です。

「言」ったことを「成」すと書いて、「誠」という字になります。

誠を尽くすとは、自分の言葉に責任を持ち、その言葉のとおり、ウソいつわりのない生き方をすることです。

人との約束を、そして、自分との約束を、まるで神への誓いの如く、守り抜くのです。

「約束破ってもバレないし、いっか」「誰にも迷惑かけないし、また次回から……」といった意識の持ち方ではなく、神様の信頼を勝ち得るために言ったことを絶対に守ろうとする感覚です。たとえ、誰も見ていなくても、自分自身が見ていますから。自分にウソをつき続けると、自分を信じられなくなってしまいます。逆に、誠を貫くほど、自信、誇らしさ、清々《すがすが》しさに満ちてきます。その心に、神様が宿るのです。

例えば職場でも、「この仕事は、一週間後までに仕上げます」と宣言したのであれば、何がなんでもやり遂げることです。


ただし、誠を尽くす生き方には、試練がつきものです。たいてい宣言したときに限って、予想外の頼まれごとが入ったり、どっと来客があったり、体調を崩したり、まさに神試しとしか思えないような試練が襲ってきたりするもの。ですが、そこで「安々と流されてたまるか！」と奮い立って、予定より遅れたら恥を忍んで助けを呼んだり、営業終了後に気合いで仕事を片づけたり、あの手この手で、絶対に言ったことを守るようにします。

自分との約束に対しても同じ。例えば、「今日は絶対、一時間は英語の勉強をする！」「毎朝三十分早く起きてジョギングする」など、一度決めたら、なんとしても守る。「あ、今日は忘れてた……」とか、「つい二度寝しちゃって……」とならないように、壁に予定を貼るとか、モーニングコールを頼んでおくとか、あらゆる「もしも」を想定して、できる限りの努力、工夫をして、ベストを尽くします。そのような姿勢は、人の心だけでなく、神様の心をも打つのです。

大切なのは結果ではなく、そこへ向かう姿勢でありプロセスです。ですから、試練が大きければ大きいほど、むしろそのピンチを楽しむくらいの気概を持って、最後の最後まで〝悪あがき〟するのです。

いくら誠を尽くしても、なかなか人にわかってもらえず、泣きたくなるときもあるかもしれません。けれど、人は見てくれなくても、神様は必ず見てくれるもの。あなたが誠の日々をおくり、意志を守り続けたとき、建御雷神が強靭な霊力で後押ししてくださるのです。

建御雷神は決して甘くない神様ですが、誰かを守る、何かを守る、という意志を持って、どんな苦労もいとわぬ姿勢の人には、むしろ優しく導いてくださるのです。

そして、ひとたびお眼鏡に適《かな》うと、その比類なきご神力により、人生すべてにわたって守ってくださいます。

まるで、あなたの横で常に用心棒が睨《にら》みをきかせているが如く、災厄が退けられるのです。

写真：エムオーフォトス／アフロ

大山祇神（オオヤマヅミノカミ）

《功徳》 自信、精神力が身につく

◆こんな人におすすめ

・自信を持ちたい
・一つの得意分野を作りたい
・病気知らずの健康体になりたい
・昇格、昇進したい
・強い影響力、存在感を身につけたい

祀られている神社
大山祇神社：愛媛県今治市

ゆるぎない自信と存在感で常識を超えるスケールで羽ばたく

大山祇《おおやまづみ》の御神名《ごしんめい》は、「オオ＝大きな」「ヤマ＝山」「ヅ＝の」「ミ＝神」。

つまり、「大いなる山の神」という意味となります。

「〇〇ヤマヅミ」という名の神様は、ほかにもいらっしゃり、いずれも山の神様です。

日本には、昔から山を御神体に見立てる山岳信仰がありました。

そして、山に必ずといっていいほど祀《まつ》られているのが天狗系の神様です。

天狗は、真っ赤な顔に大きな鼻を持ち、山伏（修験道《しゅげんどう》）のような姿をした霊的存在です。すごい霊力を持つあまり、妖怪として恐れられたりしますが、悪い天狗ばかりではなく、神様の使いとしての良い天狗もいます。大天狗に小天狗、名もない山に棲む狗賓《ぐひん》という地位の低い天狗まで、その霊力や働きにはさまざまな違いがあるのです。

どうして山に天狗がいるのかというと、一つの「山」、つまり、一つの「分野」や

「集団」を、その八合目あたりでまとめるのが天狗の働きだからです。

天狗の姿を見たことはなくても、あなたのまわりにも、「天狗になりやすい性格」の人はいるでしょう。

すぐ調子に乗る。偉そう。高圧的。

プライドが高い。イキがる。自慢ばかり。

そういった性格が強烈に発揮されている人は、霊的に天狗のように鼻が伸び、知らず知らずのうちにエラそうになっていることが多いのです。その性格が品下《しなさ》がると、どうなるのか？　自分より目下の人、弱い人ばかりの集団の中で偉ぶる。山の八合目くらいで「私がトップだ！」と勝手に思い込む。過去の実績にしがみついて、ふんぞり返る。まさに「お山の大将」になってしまうので要注意です。

しかし、良い天狗に守護されると、その恩恵により抜群の霊力がつきます。

わかりやすくいえば、絶対的な自信と度胸、圧倒的な存在感、強烈な影響力、物事を達観する力、いい意味でのプライドが与えられるのです。

そして、すべての天狗をとりまとめる大親分が、大山祇神です。

そんな大山祇神に守護される秘訣。それは……、

「いつも腹から笑え！　腹から声を出せ！」

天狗の霊力の源は〝笑い〟にあります。

どんな辛い状況も、どんなピンチも、ワッハッハ！と笑い飛ばしてみる。

周囲にいる人の不安さえ吹き飛ばすほど、お腹の底から声を出したり、笑ったりするのです。

この状況ヤバイ！というときに笑える人は、それだけで不思議な影響力が生まれます。

例えば、ケンカの真っ最中に、相手が急に大きな声で笑いだしたら、どう思うでしょうか？　普通ならビックリして、ちょっと圧倒されてしまうでしょう。

それは、笑うことで相手の霊体が大きくなって、相手の〝存在〟を大きく感じてしまうからなのです。

そのような霊力を、自分のためではなく、世のため、社会のために使う。

それを続けると、大山祇神に守られるようになります。

するとどうなるか？

その人がいてくれるだけで、みんなの不安が消える。さっきまで暗い雰囲気だったのに、その人が笑うだけで、何でもできそうな空気に一変する。そんな頼もしい存在になるのです。

ただし、その霊力も「山から降りるようなこと」をすると、発揮されなくなってしまいます。

つまり、常識に合わせたり、人に媚《こ》びたり、去る者を追いかけたり、大衆に迎合するような生き方になると、とたんに霊力が消えてしまうのです。

何かの分野や集団のトップになるということは、ある意味、孤独になることを意味します。山に登るということは、常識を離れるということなのです。

それは決して「非常識な人間になれ」という意味ではありません。

常識を知り尽くした上で、常識を超える世界観で生きることが大切なのです。

大山祇神に守られる人は、雲海を見下ろす山の頂《いただき》のような、〝超常識〟の世界を生きる人なのです。

写真：エムオーフォトス／アフロ

大国主神

（オオクニヌシノカミ）

《功徳》 リーダーシップ、人を育てる、長になる

◆こんな人におすすめ

・後輩、部下を育てたい
・子育てを上手く進めたい
・リーダーシップをとりたい
・団体、チームをまとめたい
・家庭を安心できる場にしたい

祀られている神社

出雲大社：島根県出雲市

場を守り人々を育て導く真のリーダーになる

大国主神《おおくにぬしのかみ》は、一般的には〝ご縁を結ぶ神様〟と信じられています。

それゆえ、出会いや結婚などの縁結びを求めて、日本一大きな注連縄《しめなわ》で有名な出雲《いずも》大社には、近年、たくさんの参拝者が集まっています。この縁結びの功徳《くどく》は、毎年十月になると八百万《やおよろず》の神々が出雲にお集まりになって、人々の縁組みについての会議が開かれるという伝承にもとづいています。

しかし厳密には、〝縁結び〟は大国主神の功徳の一部にすぎません。

その御神名《ごしんめい》の表すとおり、「大きな国の主《あるじ》」となるための功徳なのです。

国とは何か？

それは日本やアメリカといった「国家」の意味ではなく、人が集まる〝場〟のことです。

会社、部署、プロジェクトチームも、それぞれ一つの〝場〟です。

スポーツのチーム、ビジネスのコミュニティ、家族、夫婦、恋人同士もそう。

たとえ小さくても、人と人とが一つの〝目的〟を共有したとき〝場〟が生まれます。

逆に、その場の目的が軽んじられて、人と人とがバラバラになると、いかなる場も〝形だけ〟のものになってしまい崩れてしまいます。

会社の業績が伸び悩むのも、夫婦仲が冷めるのも、子育てが上手くいかないのも、恋人と長続きしないのも、チームが団結できないのも、すべてその根底には、〝場が育っていないから〟という原因があるのです。

大国主神とは〝場〟を守り、育てるための後押しをしてくれる神様なのです。

あらゆる出会いも〝場〟がなければ生まれません。場が育つと、必要なご縁が勝手に寄ってくるのです。

では、どうすれば〝場〟を守り、大国主神の功徳を得ることができるのか？

そのためには二つの秘訣があります。

一つは、苦労している人を支えてあげること。
もう一つは、人に立場を譲ることです。

実は、『古事記』に登場する大国主神の神話には、これらの要素が含まれています。

物語のはじめ、大国主神は大穴牟遅神《おおあなむちのかみ》という名で登場します。大穴牟遅神には、八《や》十神《そがみ》というたくさんのイジワルな兄神がいました。その兄神たちに、大きな袋を背負わされ旅に出ます。そのせいで遅れをとってしまうのですが、それでも道の途中で出会う傷ついたウサギを優しく介抱してあげるのです。

大国主神が背負う「袋」の言霊は、「ふくろう＝不苦労」を意味します。まわりの人の苦労まで一緒に背負って、助け合って、面倒を見て、苦労を不苦労に変えてしまうような生き方を表しているのです。

その後、たくさんの試練を経て、大穴牟遅神は「大国主神」という名を授かり、一つの国を造り上げます。

それが現在の島根県東部を中心に実在したとされる、古代出雲国《いずものくに》です。

大国主神がリーダーとなった出雲国は、とても栄えていました。

その栄華の跡を残すのが、島根県にある荒神谷遺跡《こうじんだにいせき》です。そこからは、なんと三五八本もの銅剣のほか、銅矛《どうほこ》や銅鐸などが出土しました。この数は当時、全国で出土していた銅剣の総本数を上回る数だったのです。

それほど栄えた出雲国でしたが、あるとき、天上界「高天原《たかあまはら》」から、天孫族《てんそんぞく》の神々が降りてきて、国を譲るように迫られます。

そして大国主神は、国を譲ることを決意するのです。

その交換条件として、天に届くほどの巨大な神殿を建てることを天孫族に約束させました。そして建てられたのが、出雲大社です。当時の出雲大社は、なんと高さ四十八メートル（一説では九十六メートル）ともいわれる巨大な木造の神殿だったといいます。


世界史の常識に従えば、民族同士の争いが起これば、負けた国の民は奴隷となり、文化も信仰も、すべてが闇に葬《ほうむ》られるのです。

ですから、大国主神が今なお神様としてあつい信仰を集めているということは、実に驚くべきことで、その事実こそが大国主神の〝場を守る〟という功徳を表しているのです。

出雲国は姿を消しても、大国主神が民を思い、国を愛した心は、今も出雲大社という〝場〟に残っています。

大国主神は争うのではなく、〝譲る〟ことによって〝場〟を守ったのです。

人の苦労を背負い、面倒を見ること。

自分の立場を人に譲ること。

この二つは、現代の私たちが〝場〟を守るときにも、欠かせない精神といえます。

例えば会社においても、〝場〟を守る意識で仕事をする人は、上司からも重宝されて、出世しやすくなります。

ところが、多くの場合、人は〝場〟の目的を果たすことよりも、自分の〝立場〟を優先してしまうのです。

だから、自分よりも仕事がデキる人が現れたら、嫉妬《しっと》して、協力的になれなかったり、ひどい場合はお互いに潰し合ったり、嫌がらせしてしまう。

本来、〝場〟を守るという視点からすれば、仕事がデキる人が現れることは喜ぶべきことです。それなのに、自分の〝立場〟を優先するあまり、自分にとっても、みんなにとっても、マイナスの結果を招いてしまうのです。

〝場〟を守ることにフォーカスすると、今の立場はデキる人に譲って、自分はもっと上のステージを目指そう、さらなる活躍の舞台を見つけよう、という発想になります。

そして、まわりの人が困っていることを率先して助けていると、みんなから感謝されて、自然と信頼は集まり、評価も高まり、ひいてはそれがリーダーシップを生み出していくのです。

「働く」の語源は「傍《はた》を楽にすること」だという話があります。

自分の立場というのは、まわりの人に支えられ、認められてこそ成り立つものですから、まわりの人を楽にすることが、結局は自分を支えることに繋がるのです。

そして、さらに〝場〟を発展させるには、次の人に譲ることが必要です。どれだけ有能でも、一人でできることは限られているからです。同じ気持ちで〝場〟を守ってくれる人に譲らなくては、発展していくことも、未来に続いていくこともありません。

もちろん譲ることは、簡単なことではありません。気が遠くなるくらいの忍耐、勇気、希望が必要でしょう。最も大切なことは、技術やノウハウを伝えることもさることながら、精神《スピリット》を引き継ぐことです。

精神を引き継ぐことは、死ぬ準備に似ています。死ぬ準備といっても「どこのお墓に入ろう？」というものではありません。いつ自分がいなくなってもいいように準備することです。縁起でもない、と思われるかもしれませんが、〝場〟を守るとはそういうことなのです。

職場なら、自分がいなくても仕事が回るように、普段から自動化したり、マニュアルを作ったり、部下に仕事の精神を引き継ぐ。

夫婦なら、自分がいなくても妻の幸せが守られるように、普段からまわりの人に貸しを作ったり、子どもに教育をする。

終わりを意識するからこそ、〝何を残せるのか？〟を真剣に考えるようになります。するとと、人との接し方が変わります。

去り際の老人のように、自分がいなくなった先のことまで考えるからこそ、その場にいる人たちを守る行動に結びつき、場が育っていくのです。

大国主神が残した出雲の大神殿は、たとえ自分がいなくなっても、「出雲国を守る」という、愛の表れだったのかもしれません。

自分の立場を譲ってでも〝場〟を守る、大国主神のような生き様。

そこには、個人を超えた愛を体現するための、一つの答えがあるのです。

写真：縄手英樹／アフロ

素盞男神

（スサノオノミコト）

《功徳》 能力が開花する、限界を突破する

◆こんな人におすすめ

・限界を超えたい
・能力を開花させたい
・仕事ができる人になりたい
・他人に貢献できる自分になりたい

祀られている神社

熊野本宮大社・和歌山県田辺市

限界を突破して目的を遂行していく勢いのある人になる

伊邪那岐《いざなぎ》が死者の国から帰り、禊《みそ》ぎをしたときに生まれたのが、「三貴子《みはしらのうずのみこ》」と呼ばれる神々です。太陽の神・天照大神《あまてらすおおみかみ》、月の神・月読尊《つくよみのみこと》、そして、地球を司る素盞《すさの》男神《おのみこと》です。

『古事記』では、素盞男神は神様の世界「高天原《たかあまはら》」で乱暴狼藉《らんぼうろうぜき》を繰り返します。あまりにひどい有様に姉の天照大神も困り果て、天の岩戸に隠れてしまう一大事に。太陽の神様がお隠れになったせいで地上は真っ暗闇になり、魔物がはびこってしまうのです。

たくさんの神々の協力により天照大神は岩戸から出てきますが、素盞男神は罰としてヒゲとツメを抜かれ、下界へ放逐《ほうちく》されました。

ところが素盞男神は、そこから人が（神が）変わったかのような活躍を見せます。

中でも有名なのは、出雲《いずも》の地で、八つの頭と八本の尾を持つヤマタノオロチを退治する神話でしょう。

そんな素盞男神の功徳《くどく》は、「能力が目覚める、限界を越えられる」です。

実は、今の人間社会を形成している科学技術や経済、政治など、文明の基礎は素盞男神の働きによって築かれたものです。

個人の人生で、その働きを味方につければ、今まで決してできなかったことが、できるようになり、限界だと思っていたカベを突破できるのです。

しかし、それだけ大きな働きを味方につけるには、それ相応の姿勢が求められます。

素盞男神は、ただでは動かないのです。

その功徳を得る最大の秘訣は、〝一度、死んだつもりになって〟奮起すること。

これを「大死一番《たいしいちばん》」といいます。

その覚悟でもって挑むと、素盞男神の後押しにより、隠れていた能力が出てくるのです。

素戔男神は、ヒゲとツメを抜かれて高天原を追われました。これは霊威も立場も失ったことを意味します。神としては一度死んだようなもの。それにより本領が発揮されたのです。

人も、有能であればあるほど、〝今、やるべきこと〟が定まらなければ、持て余すエネルギーを腐らせてしまい、自己満足に走ったり、マイペースになり進歩がなかったりしがちです。けれど、「もうあとがない！」という絶体絶命の状況になると、自ずと方向が定まるのです。

例えば、ある平凡な芸術家が、「余命あと一週間です」と突然、医者に言われたら。その瞬間から、「死ぬまでに何を残すか」を自問自答します。覚悟が決まった瞬間から、すべてのエネルギーを芸術に奉げるでしょう。今までの人生で作ったことがないような作品を残すでしょう。

もしかしたら、普通に七十年かけても到達できなかった境地境涯に、そのたった一週間で辿り着くかもしれません。

それくらい、惰性の一生は短く、決死の一日は長いのです。

今の日本は平和です。ですから、実際に生命の危機に瀕することなど、ほとんどありません。あり得るとしたら、例えば、

「倒産寸前で、死んだほうが楽だと思うほど働いた」とか、

「死ぬほど怖い鬼上司に鍛えられて、地獄の日々だった」とか、

「極貧に生まれ、子どもながらに自分で稼がないと食べていけなかった」とか。

類《たぐい》まれな能力を開花させた人や、限界を限界と感じさせない器の大きな人は、必ず人生のどこかで、死ぬような経験をしてきているものです。

たとえそのような試練がなかったとしても、**〝死んだような気持ち〟で生きる、もしくは、自分を〝限界状況〟に追い込むことで、素戔男神の霊力を呼び込むことができます。**

「大死一番」になって、傷つくこと、失うこと、そういった諸々の恐怖を忘れるくらい、今を真剣に生きるのです。

いかなるチャンスも、失ってからでは、もう取り返しがつきません。

実際に死んでからでは、もう後戻りはできないのです。

きっと誰しも、一度は経験したことがあるでしょう。

「あぁ、あのときに本気になっていたら……」という後悔。

「どうしてあの別れ際に、あと一言が言えなかったんだ……」という無念を。

人はそんな思いを幾度も繰り返して、たった一度しかない人生、二度とこない数多《あまた》のチャンスを失ってしまうのです。

だから、**今日が最期の一日だと思って、毎日を生きる**のです。

もし今日が、最期の朝、最期の会話、最期の仕事、最期の試験、最期の試合、最期の遊び、最期のデート、最期の食卓……、だとしたら、同じ一日にはならないでしょう。

そのような気持ちで、一日一生《いちじついっしょう》のごとく生きれば、間違いなく眠っていた能力は目覚め、限界だと思っていたカベは、こっぱみじんに打ち砕かれるでしょう。

それが、素盞男神に神がかる生き方なのです。

写真：島村秀一／アフロ

観世音菩薩

（カンゼオンボサツ）

■《功徳》 自在性を身につける

こんな人におすすめ

・コンプレックスを克服したい
・仕事で躍進したい
・もっと人の役に立ちたい
・執着心から抜け出したい
・願望実現力を高めたい

祀られている寺社

浅草寺：東京都台東区

固定観念を捨て自由自在に人生を切り拓く人になる

観音様《かんのんさま》は、手を替え品を替え、姿を変え、苦しんでいる人に手を差し伸べ、地獄から救う菩薩《ぼさつ》です。

誰しも一度は、「一番苦しかったときに、あの人に救われた」とか、「あの人の助けがなかったら、今の私はなかった」と言えるような経験があるでしょう。誰かにそう思われる存在になるということは、あなた自身が、その人にとっての観音になるということです。

観音様の功徳《くどく》は観音様と比べて自分に何が足りないか教えてくれること。「自在性」を与えてくれること。

観音様がなぜ千変万化《せんぺんばんか》に、自由自在に、人を救済できるかというと、その働きが「自在」だからです。

自在とは、縛られないこと。

固定観念や、思い込みや、囚われがない状態のことです。本来、人の心は水のようなもので、自在に形を変えることができます。多様な価値観や考え方を理解して取り入れたり、その場・その人に合わせた臨機応変な対応ができるものなのですが、それを阻むのが「執着」です。

この執着というものこそ、あらゆる苦しみの根源でもあるのです。

今の生活を、まるで地獄のように感じている人がいるとしましょう。

なぜ、そうなるのかというと、何かに執着しているからにほかならないのです。

例えば、人はえてして「私は彼（女）と一緒じゃないとイヤだ」とか、「自分は◯◯がしたかったのに」とか、何か一部のものを失うことが、まるですべてを失ってしまうかのように錯覚して恐怖したり、悲しんだりしてしまいがちです。

要するに、極めて視野が狭くなっているのです。

頭ではわかっていても、気持ちが整理できない。

では、どうすれば執着を超えられるのでしょうか？

一つのヒントは、〝時間〟から自由になることです。

先ほどの例にしても、別れた恋人に執着している人はたくさんいます。けれど、三十年前に好きだった人のことを、未だに引きずっている人はほとんどいないでしょう。

同様に、当時は死ぬほどつらかった悩みも、時間が経てば、重要性は下がって、どうでもいいと思えてくるものです。

モノへの執着も、時間が経てば消えていきます。「三十年前に落とした財布が見つからない！」と悔しがっている人など、どこにもいないのですから。

ならばはじめから、もっと長い視野で、すべての物事を眺めるべきでしょう。

つまり、いつも〝時間の枠の外〟から、今目の前にある世界を見るようにする。

永遠なるもの、本当に大切にすべきことだけを見るようにする。

上手くいかないことがあれば、時間を巻き戻したり、早送りしたりして、考えてみるのです。


そして、あらゆるできごとは、最高に幸せな未来に繋がっていると確信して生きる。

それが観音的思考です。


例えば、異性に感じるカベ、というものがあります。

人間、生まれたての頃は、男も女も、意識のカベはありません。

ところが、思春期になり、自我が育つと、そのカベが厚くなっていきます。

そのせいで、好きな人の前で、緊張したり、不自然になったり、言いたいことが言えなかったりする。すべて、自我がそうさせているのです。


観音様は、その境界を超えた姿を表しています。

それゆえ観音像は男でも女でもなく、性別が存在しないのです。

過去、現在、未来が、常に同時に存在しているかのような目線で物事を見ると、より自在に考え、動けるようになります。これができるようになれば、一時的な苦しみで立ち止まることもなくなるのです。

そして、「ああなればいいなぁ」という願望が、かないやすくなります。「絶対に未来は良くなる」という確信がそうさせる。そして、その確信があるからこそ、誰かの希望になることができるのです。

どんなに不幸《ふしあわ》せそうな人を目の前にしても、相手の未来を絶対的に確信してあげられてこそ、相手の中にも希望が芽生えるものですから。

観音は、「音を観る」と書きます。

音とは、振動であり、波動であり、宇宙の始まりのこと。

宇宙の始まりの波動が、広がって、枝分かれして、今の地球があって、今のあなたがいます。あなたも、あなたが嫌うあの人も、あなたが恋い慕うあの人も、まだ出会ったことのない何十億の人たちも、何千億人のご先祖様も、生きとし生けるすべての動物たちも、水も、火も、土も、木も、その根源で繋がっているのです。

究極の過去まで時間を遡れば、すべては一つだったということ。

そして究極の未来まで時間を進めれば、人はまた一つになりたいと望んでいます。

だから人間は、誰かとわかり合えたり、仲間になれたり、愛し合えたり、一つになれることが、こよなく嬉しいのです。


音を見るとは、そういった視点で、世の中を俯瞰《ふかん》することです。


超越した視点に立てば、自分の苦しみも、誰かの苦しみも、神々の苦しみも、境目がなくなるのです。

勝ち負けも、損得も、善悪も、なくなります。

そして、自在になれるのです。

©NOBUAKI SUMIDA/SEBUN PHOTO/amanaimages

国之常立神
（クニノトコタチノカミ）

《功徳》 一芸を極める、軸ができる、魅力的になる

◆こんな人におすすめ
・ブレない精神力をつけたい
・手に職をつけたい
・自分の特技を開花させたい
・自分の意見をしっかりと持ちたい
・自分の望む仕事に就きたい

祀られている神社
伊勢神宮 外宮：三重県伊勢市

独特な雰囲気で魅了する一芸に秀でた人になる

まだ世界がゆらゆらとした液状で、形が定まらなかった頃。天と地が分かれ、二柱《ふたはしら》の神が誕生します。天の軸を司る天之常立神《あめのとこたちのかみ》と、地球の軸を司る国之常立神《くにのとこたちのかみ》です。

地球は地軸があるから、コマのように回転できています。その軸のずっと先にあるのが、北極星です。

もし、自転がなかったら、朝・昼・夜がめぐることもなくなり、地球の半分は太陽があたり続けて灼熱に、もう半分は暗く冷たい氷の世界になって、生き物は生きていけなくなるといいます。

地球が自転していることなど、人は誰も意識していませんが、その働きのおかげで生きられているのです。

地球と同じく、人がいい人生を全うするのにも、軸が必要です。

人生の軸を打ち立ててくれる、または、今ある軸を強固にしてくれるのが、国之常立神の功徳《くどく》です。

軸ができると、コマのように回転が生まれます。

コマは止まっていると倒れてしまいますが、高速回転すると、ただでは倒れません。

人も同じように、軸ができるとブレなくなります。

軸のない人は、生き方も、考え方も、ちょっとしたことでブレてしまいがち。

他人の意見に流される、周囲の空気に流される、情報に踊らされる、飽きっぽい、頼りない、感情の奴隷になる、コロコロと意見が変わる。

つまり、自分の人生観がないのです。

そしてもう一つ、回転によって生み出されるのが、吸引力です。

軸ができると、人は不思議な魅力でまわりを惹きつけるようになります。

つまり、男性からも女性からも、抜群にモテるようになるのです。

では、どうすれば軸は作られるのか？

まずは、**どんなに小さな分野でもいいから〝一芸を極める〟**ことです。

興味のあること、好きな分野で構いませんから、「コレに関しては、そんじょそこらのヤツには負けない」と言える〝何か〟を作るのです。

そのためには行動も変えていかねばなりません。

志は行動とセットになって初めて本物と呼べるものです。

行動を変えるということは、優先順位を変えるということです。

何かを志しても、努力が続かなかったり、結果が出なかったり、中途半端で終わってしまう人は、その優先順位を間違えてしまっているのです。

例えば、「踊りを極める！」と決めたとしましょう。

その志を立てたときから、すべての優先順位が変わるはずです。

誰と会うか、どこに遊びに行くか、どの本を買うか、何を食べるか、どんな服を着るか、日常のちょっとしたことも、「どれを選んだら、踊りの上達に繋がるだろう？」が判断基準になるのです。

ここで注意すべきことは、ほかに目移りしないことです。

孟子《もうし》に「学問の道は他無《ほかな》し、其《そ》の放心《ほうしん》を求むるのみ」という言葉があります。

これは「学問の道とは、その放《はな》たれた心を元に戻すことに尽きる」という意味。

人の心は、常に楽しいこと、気持ちのいいことのほうへ、揺れ動きます。

その不安定な「心」を、志を果たすためにいかに専念させることができるか。

それが修行であり、道を成就するカギなのだという教えです。


人の心のエネルギーは有限です。

それなのに多くの人は、それを〝雑多なこと〟にムダ使いしてしまっています。

もともと「百ワット」のエネルギーがあるとしたら、いろんなところにコンセントを挿して、エネルギーを漏らしているのです。

恋愛に「四十ワット」使って、友達付き合いに「三十ワット」使って、SNSの投稿に「十ワット」、服選びに「五ワット」、料理に「五ワット」使って……そして、残ったわずか「十ワット」のエネルギーで目標達成に向けて、がんばっている。それでは、いくら努力してもかなうはずがありません。

だから、一芸を極めるにも、余計なコンセントを抜いて、そこに百ワットすべて注げるようにしなければなりません。

極める志向を行動で見せていれば、国之常立神の目に留まります。そして、その志の大きさに応じて、力添えをしてくださるようになるのです。

心の軸を立て、それを守ることで、自分の世界観ができてブレなくなります。イライラしたり、ヘコんだり、すぐに感情でブレていた人も、それがコントロールできるようになります。誰に対しても物怖じせず、自分の意見が言えるようになります。

そして、〝極めた一芸〟があれば、あなたのまわりに人が集まって、頼りにされるようになり、モテるようになるのです。ひいては、出会いのチャンスも増えて、人助けするチャンスも自ずから増えていきます。

すると、もっと多くの人を助けたい、という志に火がついて、どんどん大きいことをかなえられるようになっていくのです。

すべては、心の軸を立てて、〝一芸を極める〟と決めることから始まるのです。

越後国 居多神社《こたじんじゃ》
新潟県上越市五智 6-1-11

佐渡国 度津神社《わたつじんじゃ》
新潟県佐渡市羽茂飯岡 550-4

山陰道

丹波国 出雲大神宮
京都府亀岡市千歳町出雲無番地

丹後国 籠神社《このじんじゃ》
京都府宮津市字大垣 430

但馬国 出石神社
兵庫県豊岡市出石町宮内 99

但馬国 粟鹿神社《あわがじんじゃ》
兵庫県朝来市山東町粟鹿 2152

因幡国 宇倍神社
鳥取県鳥取市国府町宮下 651

伯耆国 倭文神社《しとりじんじゃ》
鳥取県東伯郡湯梨浜町宮内 754

出雲国 出雲大社
島根県出雲市大社町杵築東 195

出雲国 熊野大社
島根県松江市八雲町熊野 2451

石見国 物部神社《もののべじんじゃ》
島根県大田市川合町川合 1545

隠岐国 水若酢神社《みずわかすじんじゃ》
島根県隠岐郡隠岐の島町郡 723

隠岐国 由良比女神社《ゆらひめじんじゃ》
島根県隠岐郡西ノ島町浦郷 922

山陽道

播磨国 伊和神社
兵庫県宍粟市一宮町須行名 407

播磨国　湊川神社
兵庫県神戸市中央区多聞通 3-1-1

美作国 中山神社
岡山県津山市一宮 695

備中国 吉備津神社《きびつじんじゃ》
岡山県岡山市北区吉備津 931

備前国 吉備津彦神社
岡山県岡山市北区一宮 1043

備前国 石上布都魂神社《いそのかみふつみたまじんじゃ》
岡山県赤磐市石上 1448

備後国 吉備津神社
広島県福山市新市町大字宮内 400

備後国 素盞嗚神社《すさのおじんじゃ》
広島県福山市新市町大字戸手 1-1

安芸国 厳島神社《いつくしまじんじゃ》
広島県廿日市市宮島町 1-1

周防国 玉祖神社《たまのおやじんじゃ》
山口県防府市大崎 1690

長門国 住吉神社
山口県下関市一の宮住吉 1-11-1

南海道

紀伊国 日前神宮《ひのくまじんぐう》／國懸神《くにかかすじん》宮《ぐう》
和歌山県和歌山市秋月 365

紀伊国 伊太祁曽神社《いたきそじんじゃ》
和歌山県和歌山市伊太祈曽 558

紀伊国 丹生都比売神社《にうつひめじんじゃ》
和歌山県伊都郡かつらぎ町上天野 230

紀伊国　熊野本宮大社
和歌山県田辺市本宮町本宮 1100

淡路国 伊弉諾神宮《いざなぎじんぐう》
兵庫県淡路市多賀 740

阿波国 大麻比古神社《おおあさひこじんじゃ》
徳島県鳴門市大麻町板東広塚 13

讃岐国 田村神社
香川県高松市一宮町 286

伊予国 大山祇神社《おおやまづみじんじゃ》
愛媛県今治市大三島町宮浦 3327

土佐国 土佐神社
高知県高知市一宮しなね 2-16-1

西海道

筑前国 筥崎宮《はこざきぐう》
福岡県福岡市東区箱崎 1-22-1

筑前国 住吉神社
福岡県福岡市博多区住吉 3-1-51

筑後国 高良大社
福岡県久留米市御井町 1

豊前国 宇佐神宮
大分県宇佐市南宇佐 2859

豊後国 西寒多神社《ささむたじんじゃ》
大分県大分市寒田 1644

豊後国 柞原八幡宮《ゆすはらはちまんぐう》
大分県大分市上八幡 3 組

肥前国 與止日女神社《よどひめじんじゃ》
佐賀県佐賀市大和町大字川上 1-1

肥前国 千栗八幡宮《ちりくはちまんぐう》
佐賀県三養基郡みやき町白壁 2403

肥後国 阿蘇神社
熊本県阿蘇市一の宮町宮地 3083-1

日向国 都農神社《つのじんじゃ》
宮崎県児湯郡都農町川北 13294

大隅国 鹿児島神宮
鹿児島県霧島市隼人町内 2496-1

薩摩国 新田神社《にったじんじゃ》
鹿児島県薩摩川内市宮内町 1935-2

薩摩国 枚聞神社《ひらききじんじゃ》
鹿児島県指宿市開聞十町 1366

壱岐国 天手長男神社《あめのたながおじんじゃ》
長崎県壱岐市郷ノ浦町田中触 730

対馬国 海神神社《わだつみじんじゃ》
長崎県対馬市峰町木坂 247

新一宮

蝦夷国 北海道神宮
北海道札幌市中央区宮ヶ丘 474

津軽国 岩木山神社
青森県弘前市百沢寺沢 27

陸中国 駒形神社
岩手県奥州市水沢区中上野町 1-83

岩代国 伊佐須美神社《いさすみじんじゃ》
福島県大沼郡会津美里町宮林甲 4377

知知夫国 秩父神社
埼玉県秩父市番場町 1-3

琉球国 波上宮《なみのうえぐう》
沖縄県那覇市若狭 1-25-11

全国の一宮一覧

※本書で紹介している「12 の神様」が祀られている神社・寺を含む。

畿内

山城国 賀茂別雷神社／上賀茂神社
京都府京都市北区上賀茂本山 339

山城国 賀茂御祖神社／下鴨神社
京都府京都市左京区下鴨泉川町 59

大和国 大神神社《おおみわじんじゃ》
奈良県桜井市三輪 1422

河内国 枚岡神社《ひらおかじんじゃ》
大阪府東大阪市出雲井町 7-16

和泉国 大鳥大社
大阪府堺市西区鳳北町 1-1-2

摂津国 住吉大社
大阪府大阪市住吉区住吉 2-9-89

摂津国 坐摩神社《いかすりじんじゃ》
大阪府大阪市中央区久太郎町 4- 渡辺 3 号

摂津国　西宮神社
兵庫県西宮市社家町 1-17

東海道

伊賀国 敢国神社《あえくにじんじゃ》
三重県伊賀市一之宮 877

伊勢国 椿大神社《つばきおおかみのやしろ》
三重県鈴鹿市山本町 1871

伊勢国 都波岐奈加等神社《つばきなかとじんじゃ》
三重県鈴鹿市一ノ宮町 1181

伊勢国　伊勢神宮（外宮）
三重県伊勢市豊川町 279

志摩国 伊雑宮《いざわのみや》
三重県志摩市磯部町上之郷 374

志摩国 伊射波神社《いさわじんじゃ》
三重県鳥羽市安楽島町 1020

尾張国 真清田神社《ますみだじんじゃ》
愛知県一宮市真清田 1-2-1

尾張国 大神神社《おおみわじんじゃ》
愛知県一宮市花池 2-15-28

三河国 砥鹿神社《とがじんじゃ》
愛知県豊川市一宮町西垣内 2

遠江国 小國神社《おくにじんじゃ》
静岡県周智郡森町一宮 3956-1

遠江国 事任八幡宮《ことのままはちまんぐう》
静岡県掛川市八坂 642

駿河国 富士山本宮 浅間大《せんげんたい》社《じゃ》
静岡県富士宮市宮町 1-1

伊豆国 三嶋大社
静岡県三島市大宮町 2-1-5

甲斐国 浅間神社
山梨県笛吹市一宮町一ノ宮 1684

相模国 寒川神社
神奈川県高座郡寒川町宮山 3916

相模国 鶴岡八幡宮
神奈川県鎌倉市雪ノ下 2-1-31

相模国　箱根神社
神奈川県足柄下郡箱根町元箱根 80-1

武蔵国 氷川神社
埼玉県さいたま市大宮区高鼻町 1-407

武蔵国 氷川女体神社
埼玉県さいたま市緑区宮本 2-17

武蔵国　浅草寺
東京都台東区浅草 2-3-1

安房国 安房神社
千葉県館山市大神宮 589

安房国 洲崎神社
千葉県館山市洲崎 1697

上総国 玉前神社《たまさきじんじゃ》
千葉県長生郡一宮町一宮 3048

下総国 香取神宮
千葉県香取市香取 1697-1

下総国　猿田神社
千葉県銚子市猿田町 1677

常陸国 鹿島神宮
茨城県鹿嶋市宮中 2306-1

東山道

近江国 建部大社
滋賀県大津市神領 1-16-1

美濃国 南宮大社
岐阜県不破郡垂井町宮代 1734-1

飛騨国 水無神社
岐阜県高山市一之宮町 5323

信濃国 諏訪大社 上社
長野県諏訪市中洲宮山 1

信濃国 諏訪大社 下社(秋宮)
長野県諏訪郡下諏訪町 5828

上野国 貫前神社《ぬきさきじんじゃ》
群馬県富岡市一ノ宮 1535

下野国 日光二荒山神社《にっこうふたらさんじんじゃ》
栃木県日光市山内 2307

下野国　宇都宮二荒山神社《うつのみやふたあらやまじんじゃ》
栃木県宇都宮市馬場通り 1-1-1

みちのく

陸奥国 都都古別神社《つつこわけじんじゃ》
福島県東白川郡棚倉町大字八槻字大宮 224

陸奥国 都都古和気神社《つつこわけじんじゃ》
福島県東白川郡棚倉町棚倉字馬場 39

陸奥国 石都々古和気神社《いわつつこわけじんじゃ》
福島県石川郡石川町下泉 150

志波彦神社《しわひこじんじゃ》／鹽竈神社《しおがまじんじゃ》
宮城県塩竈市一森山 1-1

出羽国 大物忌神社《おおものいみじんじゃ》
山形県飽海郡遊佐町吹浦鳥海山 1

北陸道

若狭国 若狭彦神社 上社
福井県小浜市龍前 28-7

若狭国 若狭姫神社 下社
福井県小浜市遠敷 65-41

越前国 氣比神宮《けひじんぐう》
福井県敦賀市曙町 11-68

加賀国 白山比咩神社《しらやまひめじんじゃ》
石川県白山市三宮町ニ 105-1

能登国 氣多大社《けたたいしゃ》
石川県羽咋市寺家町ク 1-1

越中国 高瀬神社
富山県南砺市高瀬 291

越中国 氣多神社《けたじんじゃ》
富山県高岡市伏木一宮 1-10-1

越中国 雄山神社《おやまじんじゃ》 峰本社
富山県中新川郡立山町芦峅寺立山峰 1

越中国 雄山神社 祈願殿
富山県中新川郡立山町芦峅寺 2

越中国 雄山神社 前立社壇
富山県中新川郡立山町岩峅寺 1

越中国 射水神社
富山県高岡市古城 1-1

越後国 彌彦神社
新潟県西蒲原郡弥彦村弥彦 2887-2

北海道神宮
蝦夷国
岩木山神社
陸奥
大物忌神社
出羽
駒形神社
陸中
北陸道
佐渡
度津神社
彌彦神社
羽前
伊佐須美神社
志和彦神社
鹽竈神社
陸前
居多神社
越後
日光二荒山神社
岩代
磐城
東山道
石都々古和気神社
都々古別神社(馬場)
都々古別神社(八槻)
宇都宮二荒山神社
上野
貫前神社
下野
能登
氣多大社
雄山神社前立社壇
氣多神社
越中
射水神社
高瀬神社
雄山神社祈願殿
雄山神社本社
飛騨
水無神社
諏訪大社下社
信濃
諏訪大社上社
氷川神社
氷川女体神社
秩父神社
浅間神社
甲斐
武蔵
常陸
鹿島神宮
三嶋大社
相模
浅草寺
下総
香取神宮
遠江
駿河
寒川神社
鶴岡八幡宮
箱根神社
富士山本宮浅間大社
上総
玉前神社
猿田神社
事任八幡宮
小國神社
安房
洲崎神社
安房神社
伊豆
東海道
0
100
200km

全国の一宮一覧（地図）

※本書で紹介している「12の神様」が祀られている神社・寺を含む。

おわりに　私が見たい景色

最後に、ちょっとぶっとんだ私の夢を書かせてください。

私は、ある日を境に、人を人として見ることをやめました。

すべての人の奥には、神様がいらっしゃると、見立てるようにしたのです。

「すべての女性、男性が、〝女神、男神〟のように生きる、その世界が見てみたい」

そんな見果てぬ夢に、青年時代の私は、一度きりの人生を捧げたくなってしまったのです。

もちろん、人様にそんなことを言えば、ドン引きされるか、笑いものにされて終わるか、どちらかだとわかっているので、普段は口にしません。

けれど心の中では、どなたに対しても「この人は未来の神様だ」と、冗談ぬきに思っています。

私がそんな夢を見るようになった理由は単純です。

師匠・北極老人《ほっきょくろうじん》が、まさにそんな世界の住人だったからです。

北極老人のまわりでは、奇跡が日常茶飯事でした。

出会う人、出会う人が、すっかり安心感に包まれて、あるがままの自分を取り戻し、魅力を発揮していくのです。

なにより当の私も、その安心感によって、生き方が変わった一人でした。

その安心感は、まるで心の奥にいる〝本当のわたし〟に、語りかけてくれているような、初めての感覚なのです。なるほど、その〝本当のわたし〟はどうやら実在していて、それこそが自分の〝御魂《みたま》〟であり〝内なる神様〟なのだと、後に知りました。

なにも本気になれることがなく、漫然と日々を貪《むさぼ》っていた私は、その声によって、人生の〝目的〟に目覚めたのです。

人が神様になる、だなんて、絵空事《えそらごと》だと思われるかもしれませんが、本来、森羅万《しんらばん》象《しょう》に神様が宿ると考えるのが日本の多神教ですから、突拍子《とっぴょうし》もない話ではありません。

人と神様は、もともと根っこで繋がっているのです。

人はそれぞれ、十人十色の性格があります。
同じく神様にも、十神十色の性格があるのです。

占いでは、生年月日から、その人の性格を知ることができます。
なぜかといえば、オギャーと生まれた瞬間、赤ん坊は天体エネルギーを受けて、それにより〝性格〟が決まるからです。
惑星は周期的に動きますから、生年月日が定まれば天体の配置がわかり、それに応じた性格が定まるのです。

いったん生を受けたら、生年月日は変えようがありません。

ですから、それによって決まる性格も、一生、変わらないのです。

そう聞くと、自分の性格のイヤなところは、ずっと直らないのか……と、残念に思われるかもしれませんが、心配はご無用。


〝性格〟は変えられなくても、〝生き方〟はすぐにでも、変えられるからです。

ここで一つお伝えしておきたいのは、〝良い性格〟〝悪い性格〟というものは、この世に存在しないということです。


「でも、イヤなことばかりしてくるアイツはどうなの⁉」

そんな声が聞こえてきそうですが……、大事なのはココから。

相手のことを〝性格が悪い〟と感じてしまうのは、その人が生まれてから、今日《こんにち》にいたるまでの環境の中で、性格の〝悪い面〟ばかりを育ててきてしまったからです。

同じ生年月日なのに、性格はぜんぜん違うように見えるケースがあるのも、同じ理由です。育てられてきた環境や、周りの人との関係性によって、つまり、その人の〝生き方〟によって、性格のどの部分が引き出されるかが違ってくるからなのです。

あらゆる性格にはコインの裏表のように、〝良い面〟と〝悪い面〟があります。

大胆な性格は、勇敢にも軽率にもなり、おっとりした性格は、温厚とも優柔不断ともとれます。真面目な性格は、良く言えば勤勉。逆を言えば、機転の利《き》かない人にもなり得るでしょう。

占いの本当の目的は、その生まれ持った性格の〝良い面〟を育てていくこと。

未来を当てることでも、来るべき困難を避けることでもないのです。

良い面を育てることを、私は〝性格を品上《しなあ》げる〟と言っています。

実は〝人の性格〟を究極まで品上げたのが〝神様の性格〟です。

自分の性格を品上げていくために、神様になるために、人は生まれてくるのです。
誰かの性格を品上げていくために、神様になってもらうために、死んでいくのです。

誰でも、つい自分の性格の欠点ばかりを見てしまいがちですが、その持って生まれた性格だからこそ、果たすことのできるお役目が、必ずあります。
だから、自分の性格を毛嫌いしたり、別人格の仮面をかぶって生きていると、なかなか天命《てんめい》に近づくことはできません。
あなたにはあなたの魅力があり、才能があり、幸せに至るルートが必ずあります。
そのルートへの入口は、生まれ持った性格を品上げていくことなのです。

では、品上がるための生き方とは？

過去に頼らないこと。

得意分野に逃げ込まないこと。
日々、生まれ変わること。

これは、**神様に愛される生き方**そのものです。

性格が悪くなるとき、人は必ずといっていいほど、過去を向いています。
明日を信じられないから、今が苦しくて、人の悪口を言ったり、人の不幸を喜んだり、人を蔑《さげす》んだり、認められなかったり、許せなかったりするのです。

人生どうにもならなくて、希望が見えないときも、あるでしょう。
満たされない今を、誰かのせいにしたり、自分を責めたくなるときもあると思います。
がんばってもダメで、自力《じりき》も尽き果て、絶望の淵に立たされて「もう、この世に、神も仏もあるものか！」と思いたくなるときも、あるかもしれません。

けれど、そういうときにこそ本書を開き、神社の空気を思い出してみてください。

自分の最高の未来を想像して、書いて創造して、祈ってみてください。
イヤな自分も、イヤなあの人も、明日にはもういない。
明日には、新しいあなたがいて、新しいあの人がいる。
そして、いつかは品上がり、誰もが神様になる。
そう信じて、信じ抜けば、あなたの人生は意義のある時間に変わります。
明日の自分を信じたら、必ず神様は味方になってくれるのです。

なぜなら神様とは、即ち、未来のあなた自身なのですから。
まるで女神、男神のように魅力的になった、未知なる〝あなた〟との出会い。
それこそ、神社で授かる最大のプレゼントなのです。

あなたに、最高の出会いが訪れることを願っています。

羽賀ヒカル

参考文献

羽賀ヒカル『女神になれる本』PHP研究所（二〇一四年）
戸矢学『神道と風水』河出書房新社（二〇一三年）
宮崎辰『世界一のメートル・ドテルだけが知っている、好感を持たれる60のコツ』マガジンハウス（二〇一三年）
ちこ『いのちのごはん』青春出版社（二〇〇九年）
入江孝一郎『諸国一の宮（日本精神世界の旅＊地球散歩）』移動教室出版事業局（二〇一五年）
石井裕之『「心のブレーキ」の外し方』フォレスト出版（二〇〇六年）

摩利支尊天

摩利支尊天

天之御中主神

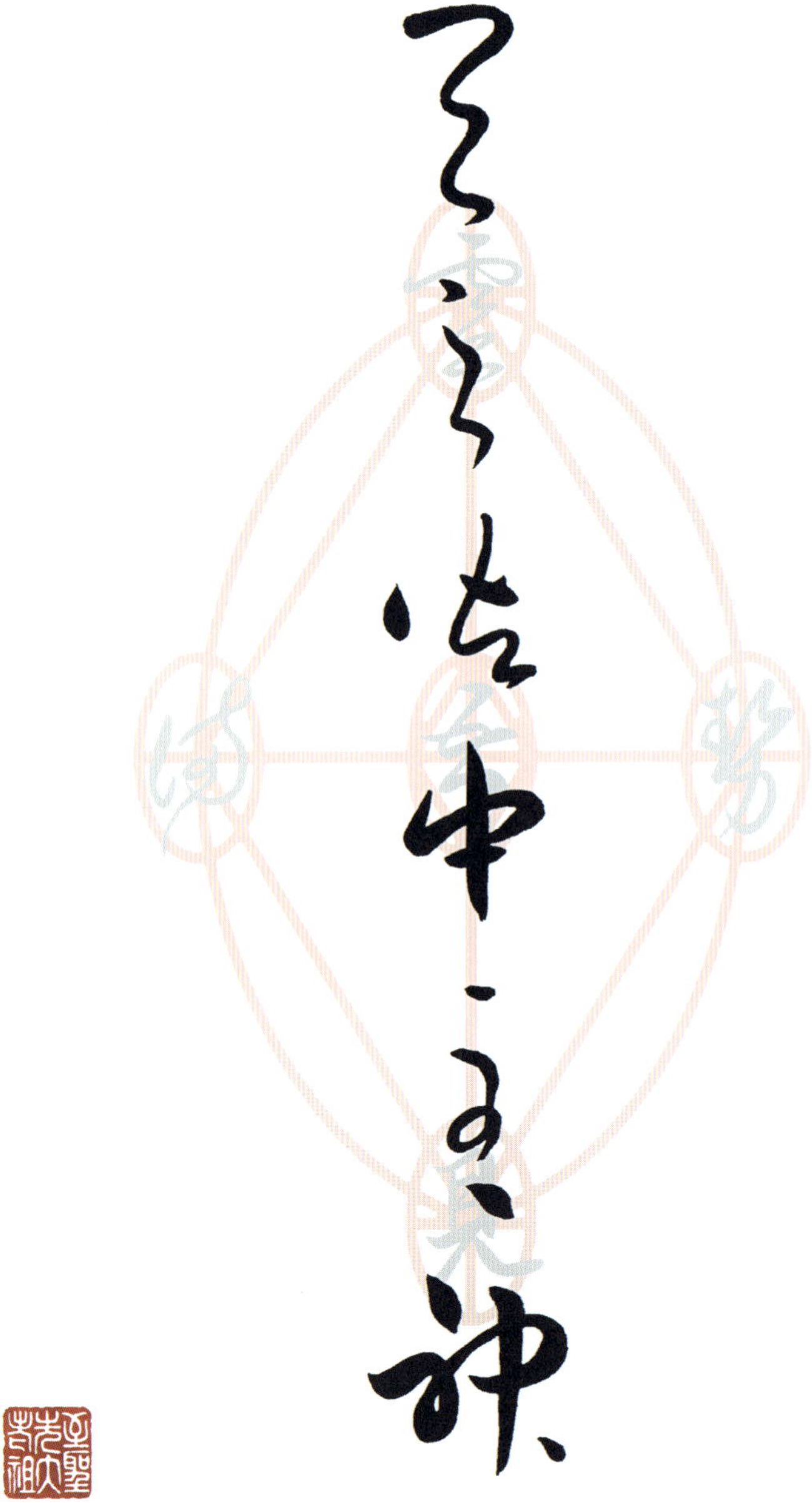

蛭子大神

蛭子大神

木花咲耶姫

木之花咲耶姫神

天宇受賣命

天尊変賣神

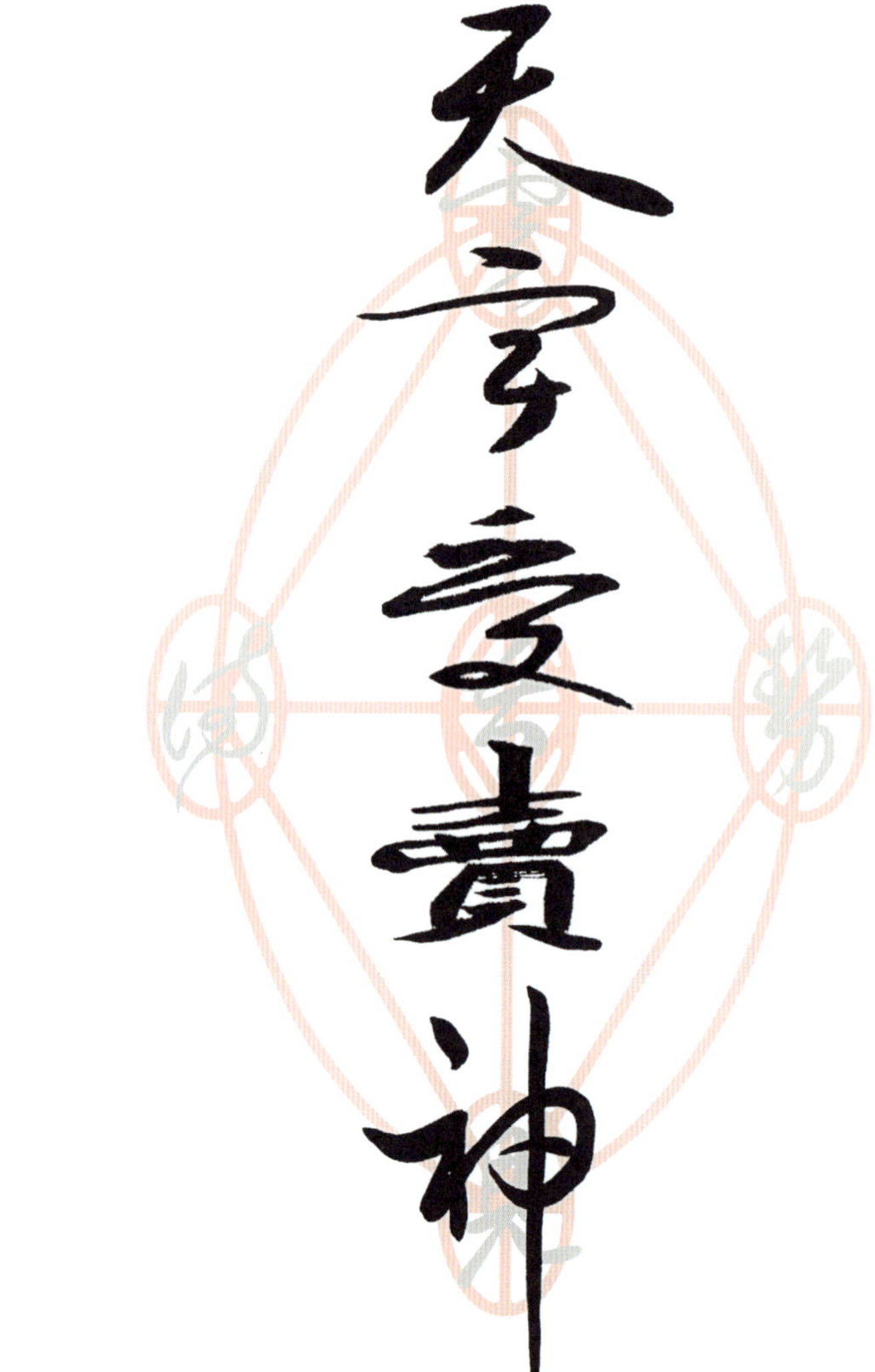

猿田彦神

猿田彦神

建御雷神

大山祇神

太山祇神

大国主神

素盞男神

素戔男神

観世音菩薩

観世音菩薩

国之常立神

國之常立大神

羽賀ヒカル
（はが ひかる）

占術家。神道家。1983年、京都府生まれ。大阪府立大学卒業。 普通の高校生として過ごしていた15歳のある日「北極老人（ほっきょくろうじん）」に出会い、占いの道に入る。9つの流派を極め5万件以上の鑑定歴を持つ北極老人から「北極流」を受け継ぎ、高校生ながら生年月日、手相、風水、方位、姓名判断などのさまざまな占いをマスター。また同時に、日本各地の神社の秘密を口伝によって、のべ数千時間にわたって学ぶ。神秘体験は数知れず。大学生時代から本格的に、人生相談（出会い、恋愛、結婚、夫婦関係、命名、子育て、就職、転職、人間関係、引っ越し、お金……などの悩み）に乗り、3000人以上を開運へと導く。大学卒業後は、北極老人の一門によって設立されたグレイトティーチャー株式会社の占い師として活動。噂が噂を呼び、優良企業の経営者、有名コンサルタント、ベストセラー作家、セミナー講師、占い師、ヒーラーなどの著名人も、お忍びで通うようになる。特に、占いや精神世界に深く精通している人ほど、北極流の奥深さに驚嘆。現在は、占い鑑定やセミナーを行いながら、神社の秘密を学んでからお参りする「神社参拝セミナー」も開催。大学生からご年配の方まで幅広く参加している。その中には、どん底から一転、奇跡的な転職を果たし、天職とも言えるような理想の仕事にめぐり会えた男性、わずか1ヶ月で運命の人と出会って電撃結婚したOLさん（現在は海外在住）、大手企業でベテラン営業マンを追い抜いて、営業成績全国一位になった新人社員の女性、離婚寸前から家庭円満に、そして会社崩壊直前から社員とお客様から愛される会社になった経営者など、神社参拝をして人生が大きく変わった人たちが多数いる。神社参拝セミナーは、神社仏閣好きから、参拝が初めての方まで評判になっている。主な著書に『ドラゴンノート』（SBクリエイティブ）、『女神になれる本』（PHP研究所）がある。

神社チャンネル　https://zinja-omairi.com/
羽賀ヒカル公式ブログ　http://ameblo.jp/mpdojo/
北極流.com　http://www.hokkyoku-ryu.com/

不思議と自分のまわりに
いいことが次々に起こる

神社ノート

2017年12月30日　初版第1刷発行
2018年　1月30日　初版第2刷発行

著　者　羽賀ヒカル

発行者　小川 淳
発行所　ＳＢクリエイティブ株式会社
〒106-0032 東京都港区六本木2-4-5
電話　03(5549)1201(営業部)

装　幀　長坂勇司（nagasaka design）
イラスト　くぼあやこ
組　版　アーティザンカンパニー株式会社
編集担当　吉尾太一
印刷·製本　株式会社シナノパブリッシングプレス

©Hikaru Haga 2017 Printed in Japan

ISBN 978-4-7973-9466-5

落丁本、乱丁本は小社営業部にてお取り替えいたします。定価はカバーに記載されております。本書の内容に関するご質問等は、小社学芸書籍編集部まで必ず書面にてご連絡いただきますようお願いいたします。